OTTO A. JÄGER

Das öffentliche Gesundheitswesen in den Entwicklungsländern

Bücher der Verwaltung in unserer Zeit

Herausgegeben von Friedrich von Dungern

Band 2

Das öffentliche Gesundheitswesen
in den Entwicklungsländern

Von

Dr. med. Otto A. Jäger

DUNCKER & HUMBLOT / BERLIN

Alle Rechte vorbehalten
© 1964 Duncker & Humblot, Berlin
Gedruckt 1964 bei Albert Sayffaerth, Berlin 61
Printed in Germany

Vorwort

Seit dem Ende des zweiten Weltkriegs wurden die meisten bisherigen Kolonien selbständige Staaten. Diese Länder, sowie solche, die, wie die lateinamerikanischen Staaten und wenige asiatische und afrikanische Länder, niemals Kolonien gewesen waren, tragen für ihre Verwaltung im Innern eine große Verantwortung.

Die öffentliche Verwaltung, die bisher durch Abhängigkeit vom Mutterlande, wenn auch in verschiedener Weise, gekennzeichnet war, bedarf in den ehemaligen Kolonien einer Änderung. Es zeigt sich das Bestreben der neuen Länder, sich von den bisherigen Formen der früheren fremden Verwaltung zu befreien und modernen, demokratischen und sozialen Forderungen Rechnung zu tragen.

Stolz und selbstbewußt sprechen sie gelegentlich von einer Renaissance ihrer Verwaltung. Wieweit sie gelingt und aus eigener Kraft möglich ist, muß sich in vieler Beziehung noch zeigen. Der dabei erhoffte wirtschaftliche und technische Fortschritt kann erst allmählich Stufe um Stufe erreicht werden. In vielen Ländern werden ganz neue Formen, vor allem auf dem Gebiet des Sozialwesens, entstehen müssen.

Die Hilfe der Vereinigten Staaten und anderer Länder ist nicht nur oft versprochen und ernstlich beabsichtigt, sie ist auch in großem Stil gewährt worden als finanzielle und technische Hilfe auf vielen Gebieten.

Auch auf dem Gebiet der öffentlichen Verwaltung ist technische Hilfe gewährt worden, so etwa von deutscher Seite nicht nur durch die Beiträge zu internationalen und multilateralen Organisationen, sondern auch bilateral durch die Zentralstelle für Verwaltung der Deutschen Stiftung für Entwicklungsländer und durch die Entsendung von Fachleuten durch die Regierung der Bundesrepublik.

Um die öffentliche Verwaltung in eine moderne, demokratische und den sozialen Verhältnissen entsprechende Form zu überführen, bedarf es nicht nur langer Erfahrung, sondern auch einer gewissenhaften und sorgfältigen Analyse der Situation der betreffenden Länder und einer vorausschauenden Vorstellung für das Bild, das eine zukünftige zweckmäßige Organisation bieten sollte. Solche Vorstellungen müssen dann mit vielen Bemühungen in die Wirklichkeit umgesetzt werden.

Der gute Wille, hierbei zu helfen, genügt alleine nicht. Es fragt sich auch, ob und in welchen Ländern, die zur Hilfe bereit sind, die Möglichkeit dazu gegeben ist.

Um eine Grundlage für die Entwicklungshilfe auf dem Verwaltungssektor zu schaffen, ist, nicht zuletzt einer Anregung des Herrn Bundespräsidenten Heinricht Lübke folgend, der Plan entstanden, auf Grund eigener Forschung eine wissenschaftliche Untersuchung auf den einzelnen Gebieten der Verwaltung durch in sich geschlossene Darstellungen verschiedener Verwaltungsfächer zu schaffen.

Dies ist auf dem Gebiet der allgemeinen und inneren Verwaltung vordringlich, aber auch vielfach wegen des engen Zusammenhangs mit Politik und Verfassung bereits erleichtert. In den „Büchern der Verwaltung in unserer Zeit", die im Verlag von Duncker & Humblot erscheinen, stehen die Fachverwaltungen, die sich mehr allgemeingültigen technischen Erkenntnissen anpassen müssen, zunächst im Vordergrund des Interesses: Finanzen, Gesundheitswesen, Forsten, Landwirtschaft und soziale Hilfe.

Der vorliegende Band behandelt das Gesundheitswesen. Der Bearbeiter und Verfasser, Dr. med. Otto A. Jäger, ist ein guter Kenner mehrerer Tropenländer. Er hat viele Jahre in Asien und Afrika gelebt und ist dort im Rahmen internationaler Gremien im Gesundheitswesen tätig gewesen, nachdem er vorher längere Zeit in der deutschen Nachkriegsverwaltung für Gesundheitswesen gearbeitet hatte. Durch sein früheres Buch „Probleme des Gesundheitsdienstes in Entwicklungsländern" ist er bekannt geworden. Der vorliegende Band kann als dessen Ergänzung angesehen werden. Die Übersetzung in die englische und die arabische Sprache ist vorgesehen.

Der Herausgeber

Inhalt

Einleitung   9

Erster Teil
**Die Wege zur Ermittlung
des Gesundheitszustandes einer Bevölkerung**   13

Zweiter Teil
Gesundheit in Entwicklungsländern   24

A. Die generelle Gesundheitssituation in Entwicklungsländern 24
 1. „Große Seuchen"
    (Pocken, Gelbfieber, Fleckfieber, Rückfallfieber, Pest, Cholera) .. 27
 2. „Infektionskrankheiten"
    (Typhus-Paratyphus, Ruhr, Diphtherie, Scharlach, Streptokokkeninfektion, Poliomyelitis, Meningitis-Masern-Keuchhusten, Tuberkulose, Lepra, Brucellosen, Leishmaniosen, Anthrax, Tetanus, Rabies, Trachom) 29
 3. „Parasiten"
    (Malaria, Bilharziose, Filariose, Ankylostomen, Askariden) 33
 4. „Geschlechtskrankheiten" 35
 5. „Mangelkrankheiten" 35
 6. „Alters- und Zivilisationskrankheiten" 36
 7. „Geisteskrankheiten" 38
 8. „Unfälle" 39
 9. „Selbstmorde" 39
B. Gesundheitsdienste 41

Dritter Teil
**Wege zur Verbesserung der Gesundheit eines Volkes
durch Gesundheitsdienste**   50

A. Ausbildung des Personals 50
B. Organisation der Untersuchungs- und Behandlungseinrichtungen 59
C. Vorbeugungsmaßnahmen 61
D. Impfungen 65

E. Individualbehandlung und -vorbeugung als Maßnahme des öffentlichen Gesundheitsdienstes 66
F. Die Volksaufklärung 67

Vierter Teil

Möglichkeiten der Entwicklungsförderung auf dem Gesundheitssektor 70

A. Allgemeine Grundlagen zur Entwicklungsförderung 70
   1. Begriffsbestimmungen 70
   2. Gründe für die „Unterentwicklung" 70
   3. Verschiedenheiten der Entwicklungsländer 72
B. Das Leitbild eines Gesundheitsdienstes 75
C. Die Technik der Entwicklungsförderung 97
   1. Die Dauer der Hilfe 97
   2. Der nicht-finanzielle Beitrag des Entwicklungslandes 97
   3. Die Formen der Entwicklungsförderung 98
D. Die Aussichten der Entwicklungsförderung auf dem Gesundheitssektor 100

Literatur 102

„Wissenschaft und Frieden werden den Sieg erringen über Unwissenheit und Krieg. Die Völker werden sich einen, nicht zur Zerstörung, sondern zum Aufbau. Die Zukunft wird denen gehören, die am meisten für die leidende Menschheit getan haben."

Louis Pasteur
(cit. WHO Chronicle, Vol. 16, Nr. 7, July 1962, p. 244) Ref. 31.

„Und so lassen Sie mich denn diesen Vortrag schließen mit dem Wunsche, daß sich die Kräfte der Nationen auf diesem Arbeitsfeld und im Kriege gegen die kleinsten, aber gefährlichsten Feinde des Menschengeschlechtes messen mögen, daß in diesem Kampfe zum Wohl der gesamten Menschheit eine Nation die andere in ihren Erfolgen immer wieder überflügeln möge."

Robert Koch
„Über bakteriologische Forschung", Vortrag auf dem zehnten internationalen medizinischen Kongreß in Berlin, 1890, Bd. 1, veröffentlicht Berlin, 1891.

Einleitung

Wenn man über „Gesundheit" im Zusammenhang mit den Entwicklungsländern nachdenkt, hat man den Eindruck, daß diesen Ländern etwas „fehlt". Sie bedürfen in bezug auf ihren Gesundheitsdienst, ihre Hygiene, die Ernährung, die Behausung und die Kleidung ihrer Bewohner einer „Besserung" im Sinne des heutigen „Weltstandards", wie ihm die industrialisierten Länder mit dem Wohlstand aller ihrer Bewohner und mit ihrem „sozialen Frieden" nähergekommen sind.

Dabei ist der Begriff der „Gesundung" und der „Gesundheit" eine Vorstellung, die durch Worte nicht befriedigend erklärt werden kann. Die Weltgesundheitsorganisation spricht vom „vollständigen *körperlichen, seelischen* und *sozialen* Wohlbefinden". Die Vereinten Nationen haben in zahlreichen Erklärungen zum Ausdruck gebracht, daß das Recht auf höchstmögliche Gesundheit (wie auch das Recht auf ausreichende Ernährung, auf unparteiische Justiz, auf Bildung, auf Arbeit, auf soziale Sicherheit, auf ein Mindestmaß an Komfort) *allen* Menschen der Erde *gleichmäßig* zustehen muß. Auf diesen Wörtern „allen" und „*gleichmäßig*" liegt der Ton, denn das wichtigste Merkmal der Entwicklungsländer ist „der Unterschied in der Verteilung des Nationaleinkommens unter die verschiedenen Bevölkerungsschichten" (38).

Jeder Staat, der den Vereinten Nationen angehört, hat sich mit diesen Gedanken identifiziert. Es ist also die politische Aufgabe jedes dieser Staaten, in seinem Bereich und im Rahmen seiner ökonomischen Möglichkeiten diese Grundrechte für alle seine Bewohner zu sichern.

Weiterhin wird klar, daß die industrialisierten Länder zwar einem Optimum an körperlichem und sozialem Wohlbefinden näher gerückt scheinen, daß aber das seelische Wohlbefinden ihrer Einwohner wahrscheinlich weniger befriedigend ist, als dies bei vielen afrikanischen und asiatischen Völkern angenommen werden kann. Zwar läßt sich seelisches Wohlbefinden nicht statistisch messen oder — wie beim sozialen Wohlbefinden durch das Zustandekommen befriedigender sozialer Einrichtungen — einfach feststellen, aber es spricht vieles dafür, daß die Loslösung aus sehr alten Familien- und Stammesgemeinschaften und die Trennung zwischen Wohnung und Arbeitsplatz, wie die Industrialisierung sie mit sich bringt, sowie die ständige Berieselung mit Geräuschen und Gesichtseindrücken psychischen Schäden Vorschub leistet. Wo, wie dies in ursprünglichen Gemeinschaften der Fall ist, alle Regungen wie Freude, Schmerz, Kummer, Sorgen mit Verwandten geteilt werden, wo ein traditionelles Autoritäts- und Ordnungssystem funktioniert, wo der Zwang zu Anspannung und Entscheidung nicht so übertrieben häufig ist wie auf dem Weltstandard der industrialisierten Länder, da leidet das Individuum nicht so wie in der vermassten Isolation. Es sieht heute so aus, als hätten in der Welt *die Leiden* sich verringert, aber als wäre *das Leiden* eher mehr als weniger geworden. Wer über Gesundheit im Zusammenhang mit den industrialisierten Ländern nachdenkt, wird also feststellen, daß auch diesen Ländern „etwas fehlt". Zwei Weltkriege mit modernen Waffen, Revolutionen, eine perfekte Diktatur von Kriminellen und das Leben in der ständigen Angst vor einem Atomkrieg können unmöglich als „Wohlbefinden" bezeichnet werden.

Es wird also eine Aufgabe der Zukunft sein, für alle diese Leiden Wege der Heilung in den Industrieländern sowohl wie in den Entwicklungsländern zu finden. Vor allem ist der Gefahr vorzubeugen, daß in den Entwicklungsländern die Übel der technischen Zivilisation zusammen mit dem technischen Fortschritt sich einschleichen. Der „way of life" der industrialisierten Länder darf nicht als Idealzustand angesehen werden, der den Entwicklungsländern vorschweben sollte.

Es wird außerdem deutlich, daß „Gesundheit" kein isolierter Begriff ist, sondern ein Teil des menschlichen Daseins, eng verwoben mit Wirtschaft und Politik, weltweit verstrickt, jener innerste Kern menschlichen Daseins, auf den alle Einflüsse von außen einwirken, von dem andererseits aber auch viele Regungen ausgehen, die die Außenwelt, soweit sie von Menschen geformt wird, mitbestimmen. Dieser Kern muß „gesund" sein, wenn die Umwelt in Ordnung kommen soll; er kann nur gesund werden, wenn die Umwelt in Ordnung ist.

Betrachtet man unter diesen Vorstellungen die heutige Situation der Menschheit, dann erkennt man, daß sie eines starken eigenen Gesundungswillens und mancher zugeführter Heilmittel bedarf, um das Ideal der möglichen „Gesundheit" aller Einwohner zu erreichen. Stellt man sich auf den Standpunkt des Arztes, dann wird man zunächst diagnostische Möglichkeiten erwägen, um die gegenwärtige Gesundheitslage zu prüfen; danach wird man versuchen, die Diagnose zu stellen, also zu erkennen, was „fehlt"; dann wird man nach theoretischen Möglichkeiten der „Behandlung" suchen, und schließlich die praktisch durchführbare beste Förderung zur Besserung des Zustandes in Angriff nehmen.

In diesem Sinne ist dieses Buch aufgebaut: es bringt zuerst die Methoden, mit welchen der Zustand auf dem Gesundheitssektor, vor allem der Entwicklungsländer, untersucht werden kann, dann die Diagnose, soweit sie heute feststellbar ist, dann die Möglichkeiten einer Förderung einschließlich deren Verfügbarkeit einerseits, ihrer möglicherweise schädlichen Nebenwirkungen andererseits, und schließlich die praktische Anwendung der Hilfe, soweit sie im Rahmen einer Entwicklungsförderung vorausgesehen und geplant werden kann, und vielleicht eine vorsichtige Prognose für die Zukunft.

„Gesundheit" ist ein sehr komplexer Begriff im einzelnen Individuum und in einer Nation. Er kann, wenn es sich um eine Nation handelt, nicht ohne gleichzeitige Änderung vieler anderer Vorbedingungen gebessert werden. Trotz aller unabdingbaren, notwendigen wissenschaftlichen Untersuchungen und technischen Hilfsmittel bleibt das Finden der richtigen Diagnose und die richtige Wahl der Mittel durch den Arzt letztlich dessen Intuition und seiner schöpferischen Kraft überlassen. Ein ganz ähnlicher Vorgang spielt sich bei der Entwicklungsförderung ab.

Es hat sich im Lauf der letzten hundert Jahre, d. h. in der Epoche, in der zum ersten Mal in der Geschichte der Menschheit von einem statistisch nachweisbaren Erfolg des Gesundheitsdienstes gesprochen werden kann, herausgestellt, daß der Arzt nicht etwa überflüssig wird, wenn ein Höchstmaß an Gesundheit erreicht ist. Das Gegenteil scheint der Fall zu sein: je technisch vollkommener die Vorbeugungs- und Behandlungsmöglichkeiten der modernen Medizin werden, desto wichtiger und umfangreicher wird die ärztliche Tätigkeit, desto mehr Ärzte und Einrichtungen werden benötigt, desto kostspieliger wird jede Gesundheitsförderung.

So wird auch die Entwicklungspolitik eine ständige Einrichtung in der Welt werden müssen, um durch Vorbeugung und Behandlung das erstrebte Wohlbefinden aller Menschen ständig und entsprechend den neuesten Erkenntnissen und Möglichkeiten zu fördern. Sie ist Teil einer Sozialpolitik, projiziert auf weltweiten Maßstab. Diese politische Aufgabe könnte vielleicht in einer Welt, die jeden Tag vor die Frage der Selbstzerstörung gestellt ist, den Blick auf ein erlebenswertes Ziel lenken.

Wenn die Augen erst einmal auf ein solches Ziel gerichtet sind, ist es leichter, sich in der Richtung des Blickes weiterzubewegen. So mag Entwicklungspolitik zum Friedenswillen der Völker beitragen.

Daß dabei ein Gesundheitswille jeder Bevölkerung eine ebenso große Rolle spielt wie die Hilfe aller derer, die dieses Wohlbefinden fördern wollen, ist aus jedem Arzt-Patient-Verhältnis bekannt. Die ärztliche Kunst ist keine Wissenschaft und keine Technik, sondern sie benutzt beide, Wissenschaft und Technik, um aus Erlebnis, Einfühlung und Abstraktion das Idealbild der Gesundheit der Verwirklichung so nahe wie möglich zu bringen. Wie das Bild eines Malers im Beschauer das Erlebnis des schöpferischen Aktes, in dem es geschaffen wurde, aufruft, so daß der Betrachter schließlich die harmonische Ordnung, die der Künstler schuf, nacherlebt, so wird im Patienten das Bild der Gesundheit wachgerufen durch die Vorstellung von ihr, die ein guter Arzt vermittelt. Und so mag vielleicht auch der Entwicklungspolitiker ein Bild zu schaffen, das in der Zeitwende, in der wir leben, auf neue Ordnungen weist.

Erster Teil

Die Wege zur Ermittlung des Gesundheitszustandes einer Bevölkerung

Es werden heute in der Medizin weit über 1000 (wahrscheinlich etwa 30 000) verschiedene Krankheitsbilder voneinander unterschieden. Manche von ihnen sind ohne Hilfsmittel durch bloßes Ansehen zu diagnostizieren, wie beispielsweise Masern, Hautkrankheiten, Pocken und einige andere Infektionskrankheiten. Andere Krankheiten lassen sich mit einfachen mechanischen Methoden (Abhören, Abtasten) oder durch Beobachtung erkennen, wie Lungenentzündung, Keuchhusten, Epilepsie. Wieder andere Krankheiten können mit unkomplizierten Laboratoriumsuntersuchungen festgestellt werden, wie beispielsweise Wurmeier im Stuhl oder Zucker im Urin. Weitere Krankheiten werden nur mit Hilfe kostspieliger technischer Apparaturen oder komplizierter Tests gefunden, wie beispielsweise Krebs, Typhus, Fleckfieber, oder fortgeschrittene Syphilis. Manchmal muß der Arzt, um die Diagnose zu sichern, den Erfolg der Behandlung abwarten oder operative Eingriffe vornehmen. Schließlich gibt es viele Krankheitsbilder, die ungeklärt bleiben.

Diese Tatsachen müssen erwähnt werden, um auf die Schwierigkeiten bei der Beurteilung vorkommender Krankheiten in der Gesundheitssituation eines ganzes Volkes hinzuweisen. Denn die diagnostischen Möglichkeiten sind nicht überall die gleichen. Vor allem in Entwicklungsländern mit minimaler ärztlicher Versorgung kann nur ein Bruchteil der tatsächlich vorhandenen Krankheiten erkannt und nur ein kleiner Prozentsatz der Kranken behandelt werden.

Es wird seit langem versucht, möglichst einfache Indikatoren zu finden, um den Grad der Gesundheit in begrenzten geographischen Bezirken oder bei bestimmten Volksgruppen festzustellen. Einen solchen Gesundheitsgrad zu kennen, ist vor allem wichtig, wenn man Besserungen oder Mißerfolge auf Grund gesundheitspolitischer Maßnahmen beurteilen will oder internationale Vergleiche anstellt.

Ein solcher Indikator für den Gesundheitsgrad in einem Lande ist die *Säuglingssterblichkeit,* das heißt die Zahl der Todesfälle im ersten

Lebensjahr von 1000 Neugeborenen. Diese Zahl schwankt heute zwischen etwas über 15 und etwa 500. Die Weltgesundheitsorganisation hat drei Kategorien der Werte der Säuglingssterblichkeit aufgestellt (32), nämlich niedrige Säuglingssterblichkeit (bis 50 Sterbefälle), mittlere Säuglingssterblichkeit (zwischen 50 und 100), hohe Säuglingssterblichkeit (über 100). Etwa von der „mittleren Säuglingssterblichkeit" an kann man Länder in die Gruppe der Entwicklungsländer einordnen. Folgende Übersicht gibt einige Beispiele:

(Demographic Yearbook of the United Nations 1962) (39)

Im Jahre 1961 Säuglingssterblichkeit unter 50:

Niederlande	15,4
Schweden	15,5
Finnland	20,8
Frankreich	25,6
B. R. Deutschland	31,7
S. B. Z. Deutschland	33,3
Ungarn	44,1

Im Jahre 1960 Säuglingssterblichkeit von 50 bis 100:

Polen	56,8	
Rumänien	75,7	nach dem Indikator „Säuglingssterblichkeit" die einzigen Länder in Europa, die noch als Entwicklungsländer anzusehen sind.
Portugal	77,5	
Albanien	83,0	
Jugoslawien	87,7	
Madagaskar	67,9	
Kolumbien	99,8	

Im Jahre 1959/60 Säuglingssterblichkeit über 100:

Dominik. Republik	100,6
Vereinigte Arabische Republik	110,0
Süd-Afrika (Neger)	125,5
Chile	131,7

Aus Zentralafrika liegen keine länderweiten Zahlen vor. Aus örtlichen Sonderuntersuchungen ist jedoch zu entnehmen, daß die Säuglingssterblichkeit noch heute sehr hoch ist. Beispielsweise fand Chang in der Nähe von Gondar, Äthiopien, eine Säuglingssterblichkeit bis 181 (3). In einem Bezirk in Gambia war die Säuglingssterblichkeit 420, in einem anderen Bezirk in Tanganyika 308 (16).

Es dürfte Gebiete geben, in denen die Säuglingssterblichkeit 500 beträgt, in der also die Hälfte aller Neugeborenen stirbt, bevor sie das Ende ihres ersten Lebensjahres erreichen (1).

Die zurückgehende Säuglingssterblichkeit ist ein feiner Indikator für den Erfolg eines Gesundheitsdienstes. Er wird noch genauer, wenn die perinatale Sterblichkeit, also diejenige bis zum Ende der vierten Lebenswoche, abgezogen wird.

Freilich gibt es Abweichungen von dieser Regel. Wo nämlich Menschen in einem gesunden Klima leben, ohne Übervölkerung und auf fruchtbarem Boden, dazu mit guten natürlichen Sitten, da kann der Gesundheitszustand relativ günstig sein und die Säuglingssterblichkeit Werte um 100 zeigen, auch wenn gar kein Gesundheitsdienst existiert und jeder sogenannte technische Fortschritt fehlt. So war beispielsweise in einer Stadt im Norden Äthiopiens die Säuglingssterblichkeit, bevor ein Gesundheitsdienst dort eingeführt wurde, etwa ebenso hoch wie in Chile (132,5), wo ein Arzt auf 16 000 Einwohner zur Verfügung steht. Werden in einer solchen Bevölkerung durch bloßes Kopieren westliche Sitten eingeführt, beispielsweise die Flaschenernährung der Säuglinge an Stelle der üblichen Brusternährung, dann steigt die Säuglingssterblichkeit rapide an. Ein erfahrener Kinderarzt (Jelliffe, Makerere College, Uganda) hat dafür das drastische Schlagwort geprägt: „Die gefährlichste Infektionskrankheit der Säuglinge in Afrika ist die Milchflasche." Ein *guter* Gesundheitsdienst muß solchen Gefahren, die Begleiterscheinungen der Technisierung sind, vorbeugen.

Auf Grund der Gefahren, die bei der Ablösung der Brustmilch durch künstliche Nahrung entstehen, ist die Sterblichkeit des *zweiten* oder *dritten* Lebensjahres (an Stelle der Säuglingssterblichkeit) in Entwicklungsländern als ein Indikator angesehen worden, der zuverlässiger ist als die Säuglingssterblichkeit. Denn letztere kann, wie oben erwähnt, durch das Stillen relativ günstige Zahlen aufweisen, während die eigentliche Lebensgefahr für das Kleinkind dann nach dem Abstillen im zweiten oder dritten Lebensjahr auftritt.

Ein Beispiel gibt die folgende Übersicht (Demographic Yearbook 1962) (39):

Land	Jahr	Säuglingssterblichkeit	Kleinkindersterblichkeit (1—4 Jahre)
England	1955	20 °/oo	1,0 °/oo
Jamaica	1955	67,6 °/oo	9,1 °/oo
Guinea	1954	251 °/oo (10mal höher als England)	52 °/oo (50mal höher als England)

Ähnliche Verhältniszahlen sind auch aus deutschen Vergleichen zwischen der Situation 1871—81 und 1949—51 erkennbar, wie aus folgender Tabelle hervorgeht (40):

Altersklasse	Jährliche Sterblichkeit auf 1000 Lebende	
	1871/1881	1949/1951
0—1	281,7 (4,8mal höher)	58,4
1—5	35,8 (15mal höher)	2,4

Ähnliche Vergleiche hat S. Jäger (10) zwischen Baghdad und Hamburg gezogen. So fragwürdig also, wenn auch ausnahmsweise, die Zuverlässigkeit der Säuglingssterblichkeit als eines Indikators für eine bestimmte Gesundheitssituation sein kann (ebenso wie alle anderen bisher bekannten Indikatoren), so kann das *Steigen* oder *Fallen* der Säuglingssterblichkeit doch oft sehr genau die Richtung angeben, in der sich der Gesundheitszustand einer Bevölkerung bewegt, bei der man die Ausgangswerte kennt und die Säuglingssterblichkeit über viele Jahre beobachten kann.

Ein Sterblichkeitsmaß, das nicht nur die Säuglingssterblichkeit, sondern die Sterblichkeit aller Altersklassen berücksichtigt, ist die mittlere Lebenserwartung. Diese beträgt in technisch hochentwickelten Ländern jetzt etwa 70 Jahre. Das heißt, daß ein Neugeborenes durchschnittlich die Aussicht hat, das Ende seines siebenten Lebensjahrzehnts zu erleben. Die durchschnittliche Lebensaussicht in Entwicklungsländern ist nicht genau bekannt, wird jedoch auf nicht mehr als etwa 35 Jahre geschätzt.

Die „proportionale Todesrate" ist von S. Swaarop und K. Nemura (36, 34) als Indikator für den Gesundheitszustand eingeführt worden. Dies ist beispielsweise die Zahl der Todesfälle in der Gruppe der Fünfzigjährigen und älteren Personen, als Prozentsatz der Gesamttodesfälle gesehen.

Würden beispielsweise in einem Lande alle Menschen das fünfzigste Lebensjahr erreichen — was natürlich praktisch niemals vorkommen kann —, dann wäre der Index gleich 100. In Schweden war der Index 1957 bis 1959 89, in der Dominikanischen Republik dagegen 22, in Nicaragua 23 (37).

Indessen ist zu bedenken, daß dieser Index nicht nur von den Sterblichkeitsverhältnissen abhängt, sondern auch vom Altersaufbau der Bevölkerung (Freudenberg: „Die Messung der Gesundheit eines Volkes", Ärztliche Mitteilungen 42, 28 1. Oktober 1957) (41).

Eine andere „proportionale" Todesrate ist der Prozentsatz der Todesfälle von Kindern unter dem fünften Lebensjahr im Verhältnis zur Gesamtzahl der Todesfälle. Auch für diesen Indikator gilt die gleiche Einschränkung wie für den vorhergehenden.

Ein weiterer, besonders in Entwicklungsländern wichtiger Indikator für den Gesundheitszustand der Bevölkerung ist die Zahl der jährlichen *Todesfälle an Infektionskrankheiten*, bezogen auf 100 000 Einwohner.

Schließlich kann der Prozentsatz des *Vorkommens von Mangelzuständen* (Eisenmangel, Vitaminmangel, Eiweißmangel, auch allgemeiner Nahrungsmangel, besonders bei Säuglingen und Kleinkindern) innerhalb einer Bevölkerung als Indikator für einen guten oder für einen nicht ausreichenden Gesundheitsdienst gelten.

Der *Standard des Gesundheitsdienstes* als solcher kann ebenfalls als Indikator für den Gesundheitszustand einer Bevölkerung dienen, weil man im allgemeinen davon ausgehen kann, daß die Gesundheit der versorgten Bevölkerung sich mit zunehmender Aktivität und Vervollkommnung der Gesundheitsdienste bessert.

Um das Maß des Gesundheitsdienstes zu ermitteln, müssen die Zahl der Ärzte und ihre Verteilung auf Stadt und Land bekannt werden, das ärztliche Hilfspersonal, die Zahl der Krankenhausbetten, die finanziellen Aufwendungen für den Gesundheitsdienst (und die Aufteilung dieser Beträge unter die verschiedenen Sparten, wie vorbeugende und kurative Medizin, Forschung und Lehre, soziale Medizin und Wohlfahrtspflege), das Ausbildungsniveau des gesundheitlichen Personals und die Benutzung aller Gesundheitsdienste seitens der Bevölkerung.

Es muß, um der vorausgesetzten positiven Wirkung des Gesundheitsdienstes sicher zu sein, noch das ethische Niveau des Personals bekannt sein. In manchen Ländern sind die Ärzte materialistischer eingestellt als in anderen. Dieser Materialismus kann auf Kosten des Berufsethos sehr weit gehen. Die Ethik des Berufsstandes ist natürlich statistisch nicht zu erfassen, aber die jeweilige nationale Standespolitik kann doch recht aufschlußreiche Hinweise geben.

Schließlich können als Indikatoren der Gesundheitssituation noch bestimmte *hygienische Maßstäbe* dienen: also der Verbrauch an biologisch, ästhetisch und chemisch einwandfreiem Wasser und die Zahl der Einwohner, denen solches Wasser zur Verfügung steht; ferner der Prozentsatz der Einwohner, der *hygienische* Latrinen benutzt und für Abfallbeseitigung sorgt.

In Entwicklungsländern mit besonders niedrigem technischen Entwicklungsstand versagen alle Indikatoren, die auf statistischen Erfassungen der *Lebensdaten* (also Registrierung von Geburten und Todesfällen) beruhen, weil diese Registrierungen fehlen oder unvollständig sind. Da öffentliche Dienste, darunter auch der Gesundheitsdienst und hygienische Einrichtungen, rudimentär sind, müssen gesundheitspolizeiliche Meldungen hier immer unvollständig und provisorisch bleiben.

Über den *Krankheitsbefall* kann in Entwicklungsländern, wo der Gesundheitsdienst und seine Berichterstattung nicht die gesamte Bevölkerung erfaßt und wo keine Geburts- und Sterberegister zuverlässige Angaben gewähren, nur durch Stichproben (6) statistisch berichtet werden. Diese sind von erstaunlicher Treffsicherheit und sollten so häufig wie möglich gemacht werden, bevor gesundheitspolitische Maßnahmen eingeleitet werden.

Auch Sonderermittlungen, von gut ausgebildetem Personal durchgeführt, geben ein Bild, das meist zuverlässiger ist als schlecht geführte Allgemeinstatistiken (6).

Wenn beispielsweise ein erfahrener Augenarzt in einem Entwicklungsland 1000 Schulkinder untersucht (wozu er weniger als eine Woche braucht) und bei 50 Prozent der Kinder Trachom feststellt, so ist das indikativer, als wenn die Poliklinik eines Krankenhauses 500 Fälle von Trachom in einem Jahr meldet, was vielleicht 2 Prozent aller gefundenen Krankheiten ausmacht.

Besonders bedacht muß dabei werden, daß in der Allgemeinpraxis normalerweise nur die „Hauptdiagnose", nämlich das zugrunde liegende Leiden, dessentwillen der Patient ärztliche Hilfe aufsucht, gemeldet wird — ein Verfahren, das oft ungeheuer verzerrte Werte hervorbringt.

Umfassende statistische Erhebungen können in den meisten Entwicklungsländern vorläufig nicht durchgeführt werden. Es fehlt an ausgebildetem Personal, es fehlt an der Konzeption der Notwendigkeit, es fehlt an dem guten Willen der Einwohner zur Mitarbeit und an ihren Möglichkeiten, wenn sie nicht lesen und schreiben können. Für genaue Zahlen haben die meisten Bewohner von Entwicklungsländern keinen Sinn. Außerdem sind sie mißtrauisch: sie glauben, daß jede Befragung mit irgend einer Art von Steuererhebung verbunden sein könnte. Der Mangel an Statistiken gehört geradezu zu einem der Kennzeichen der technischen Unterentwicklung.

Wo es möglich ist, statistische Angaben zu sammeln, müssen Systeme existieren, nach denen dies geschieht. Auf dem Gesundheitssektor sind das die nationalen und internationalen Tabulationslisten. In Entwicklungsländern werden heute meist die Krankheitsverzeichnisse der Weltgesundheitsorganisation benutzt, nämlich:

1. Die dreiteilige ausführliche Tabulationsliste Nr. 001—795, E 800—999, bzw. N 800—999, mit dem zusätzlichen Verzeichnis für besondere Ereignisse — Lebend- und Totgeburten Y 00—88 —, und ergänzt durch eine Tabulationsliste mit vierstelligen Unterkategorien von darin enthaltenen Krankheiten;

2. Das mittlere Verzeichnis von 150 Ursachen zur Tabulierung von Krankheiten und Todesfällen: A 1—137, AE 138—150, bzw. AN 138—150.

3. Das gekürzte Verzeichnis von 50 Ursachen zur Tabulierung der Todesfälle: B 1—46, BE 47—50, bzw. BN 47—50;

4. Das Sonderverzeichnis von 50 Ursachen zur Tabulierung von Krankheiten für den Gebrauch der Sozialversicherung: C 1—50.

Die Hauptliste von etwa 1000 verschiedenen Krankheitsbezeichnungen und -kategorien sollte jeder international vergleichbaren Statistik zugrundegelegt werden, aus der die restlichen drei Listen, je nach Bedarf, herausgezogen werden.

Welche dieser Listen praktisch anzuwenden ist, das hängt von den örtlich begrenzten Möglichkeiten der Diagnostik ab:

A. In großen Krankenhäusern mit differenzierten Untersuchungsmitteln kann die dreistellige ausführliche Liste verwendet werden, um monatlich alle beobachteten Krankheiten zu melden; ebenso kann diese Liste den Spezialerhebungen und Stichprobenuntersuchungen zugrundegelegt werden, soweit diese von gut ausgebildetem, in diesen Untersuchungen und Meldungen erfahrenem Personal durchgeführt werden.

B. In kleineren Arztsitzen mit beschränkten Laboratoriums- und anderen technischen Untersuchungsmöglichkeiten dürfte eine Liste von 120 bis 130 verschiedenen Krankheitsbezeichnungen das höchste sein, was mit einiger Sicherheit zu diagnostizieren möglich ist. Das „Mittlere Verzeichnis" der Weltgesundheitsorganisation mit 150 Todes- und Krankheitsursachen ist für Entwicklungsländer leider denkbar ungeeignet, obwohl es zahlenmäßig günstig aussieht. Es vereint beispielsweise alle Mangelerscheinungen unter einer einzigen Sammelnummer und unter einer weiteren eine Gruppe von wichtigen hier vorkommenden Infektionskrankheiten (Rückfallfieber, Leishmaniose, Frambösie, Schlafkrankheit, mehrere Geschlechtskrankheiten, Trachom, den für die Übertragung mehrerer Krankheiten so wichtigen Läuse- und Krätzebefall u. a.), während für die in Entwicklungsländern noch unwichtigen Zivilisationskrankheiten ein Großteil der Zahlen zur Verfügung stehen. Deininger-Englhart (4) hat eine Liste von etwa 130 Krankheitsbezeichnungen nach dem in Deutschland benutzten Dezimalsystem für Entwicklungsländer vorgeschlagen, die, ohne die Grundzahlen zu ändern, beliebig zu erweitern oder zu kürzen ist und daher an jede Situation in einem Entwicklungsland angepaßt werden kann, ohne daß die Hauptliste verändert wird.

Ein weiteres Arbeitsformular, eine Kombination der gebräuchlichen „A"-Liste der Weltgesundheitsorganisation unter Berücksichtigung der wöchentlichen Seuchenmeldung, von anderen Spezialreporten (Geschlechtskrankheiten, Lepra, Tuberkulose), Aufsplitterung der Sammelnummer A 43 in die wichtigsten Infektionskrankheiten, und unter Einschluß des „N"-Codes und der „Y"-Nummern für Schutzimpfungen, wurde in den „Gondar Health Series", dem Hausblatt der Gesundheitsakademie der Haile Selassie I Universität in Äthiopien, von Deininger-Englhart veröffentlicht.

C. In kleinen Stationen, die nur mit ärztlichem Hilfspersonal besetzt sind, ist die Zahl der Krankheiten, die diagnostiziert werden können, noch kleiner; Meldungen müssen hier beschränkt bleiben auf den Verdacht von Seuchen und können nur „Warnsignale" sein für höhere gesundheitsdienstliche Stellen mit dem Ziel, genauere Nachforschungen zu veranlassen. Denn unter primitiven Umständen wird die Ungenauigkeit statistischer Angaben größer.

Eine Schlußfolgerung auf die Gesamtverteilung der Todesursachen in der Bevölkerung ist nicht möglich, weil diese Einzelstatistiken nicht repräsentativ für die Verteilung der Todesursachen außerhalb ihrer statistischen Bereiche sind.

Der Verfasser hat, zusätzlich zu von anderen Autoren entwickelten Methoden, eine Anzahl von Befunden ausgewählt, die, vor allem für eine longitudinale Beobachtung von einigen Jahren (mindestens fünf), indikativ sein können, wenn die Ausgangswerte ungünstig waren (42). Dies sind:

1. Die *Durchschnittsgewichte* von Säuglingen und Kleinkindern bis zum Ende des dritten Lebensjahres. Diese Gewichtskurve, von Jahr zu Jahr neu aufgestellt, gibt, wenn sie ansteigt, an, ob die Mütter die Ratschläge des Mutter- und Kind-Fürsorgedienstes akzeptiert haben und rechtzeitig zusätzlich zur Brustmilch und nach dem Abstillen zweckmäßige Nahrung gegeben haben; ferner, ob die Kinder von weniger Parasiten befallen sind und ob im ganzen die Pflege der Säuglinge und Kleinkinder sich gebessert hat. Dies sollte ein guter Gesundheitsdienst erreichen können durch Aufklärung der Mütter, durch eine Hebung des allgemeinen örtlichen Hygienestandards, Aufbau und Erweiterung der Vorbeugungs- und Behandlungsmöglichkeiten, mit Sauberkeit, regelmäßiger, zweckmäßiger Nahrung, Schlaf und Sonnenlicht für die Säuglinge.

2. Wo viele *Krätzefälle* gefunden werden, bevor die gesundheitliche Fürsorge begonnen hat (das ist in vielen Entwicklungsländern mit niedrigem hygienischen Stand der Fall), kann der Rückgang der Anzahl solcher Fälle als Zeichen größerer persönlicher Sauberkeit gewertet

werden, deren Bedeutung stets zusammen mit der Behandlung energisch gelehrt werden sollte.

3. Die durchschnittlichen *Hämoglobin*-(Blutfarbstoff-)Werte sind in Entwicklungsländern oft niedrig, ein Zeichen für Blutarmut. Diese wiederum prädisponiert für andere Krankheiten und auch für höhere Müttersterblichkeit (durch den mit jeder Geburt verbundenen Blutverlust); die Blutarmut beruht auf unzureichender Ernährung, vor allem auf Mangel an Eisen und Eiweiß, oder wird durch Parasitenbefall hervorgerufen; manchmal ist sie eine Erscheinung von Vitaminmangel. Der Erfolg von Parasitenbehandlung, verbesserter Ernährung und Versorgung mit den fehlenden Stoffen zeigt sich im Anstieg der durchschnittlichen Hämoglobinwerte.

4. Der Befall mit *Darmparasiten* läuft wahrscheinlich ziemlich parallel mit den entsprechenden Graden technischer Unterentwicklung. Sehr deutlich ist diese Parallelität bei der Askariasis (Rundwurmbefall), wie aus folgenden willkürlich herausgegriffenen statistischen Angaben anschaulich hervorgeht (15):

Askaridenbefall
Beispiele aus Stichprobenuntersuchungen:

Nordamerika: Durchschnitt	1,7 %
Toronto (Kanada)	1 %
Washington (USA)	4,1 %
New-Orleans	6,6 %
North-Carolina (Berggebiet)	30,7 %
Europa: Durchschnitt	9,1 %
Amsterdam (Niederlande)	0 %
West-Ungarn	3,5 %
Gdansk (Polen)	7,6 %
Jassy (Rumänien)	12,8 %
Ober-Italien	46 %
UdSSR:	
europäischer Teil	7,7 %
asiatischer Teil	21,6 %
Ozeanien: Durchschnitt	13,9 %
Mittel- und Südamerika: Durchschnitt	33,9 %
Catamarca (Argentinien)	1,6 %
Marianao (Cuba)	1,8 %
Isabela (Puerto Rico)	6,7 %
Mexico City	7,8 %
Cayenne (Franz. Guayana)	9,5 %
Rio de Janeiro (Brasilien)	34,9 %
Haiti	43 %
Caracas (Venezuela)	45,4 %
Trinidad (Bolivien)	55,1 %
Afrika: Durchschnitt	35,7 %

(Da hier vor allem Meldungen aus den technisch höher entwickelten Gebieten vorliegen, sind die Prozentzahlen des Gesamtdurchschnitts höchstwahrscheinlich viel höher.)

Die vier bisher genannten Indikatoren (Säuglings- und Kleinkindergewichte, Krätzebefall, Hämoglobinwerte, Darmparasiten) sind mit einfachen Untersuchungsmethoden festzustellen und unterliegen keiner individuellen Beurteilungsschwankung. Letzteres ist wichtig, weil beispielsweise beim Trachom (ägyptische Augenkrankheit), das in vielen Entwicklungsländern mehr als die Hälfte der Bevölkerung befällt und dessen Verringerung ebenfalls als Indikator für einen erfolgreichen Gesundheitsdienst dienen könnte, die Diagnose nicht immer leicht zu stellen ist. Auch andere, auf den ersten Blick möglich erscheinende Indikatoren sind bei näherem Zusehen unbrauchbar: Infektionskrankheiten wie Fleckfieber und Typhus sind nur durch recht komplizierte Laboratoriumsuntersuchungen sicher festzustellen und scheiden daher für umfassende Untersuchungen in Entwicklungsländern aus. Wieder andere, wie Malaria und Pocken, sind zu schwankend in ihrem epidemischen Auftreten, um im Verlauf von nur wenigen Jahren als Indikatoren für eine mögliche Besserung angesehen zu werden. Gelbfieber ist durch klimatische Umstände beschränkt und seine Voraussetzungen fehlen in anderen Gebieten. Darmerkrankungen, wie beispielsweise Durchfälle, werden meist auf Grund anamnestischer Angaben diagnostiziert, wodurch die Diagnose und damit die Statistik Ungenauigkeiten unterliegen kann.

Um noch einmal zusammenzufassen, welches die Möglichkeiten sind, um ein Bild über die Gesundheitssituation eines Landes wie ein großes Mosaik zusammenzusetzen, so sind es:

1. Allgemeine Registrierung von Geburts- und Todesfällen (mit Alters- und Geschlechtsangaben) — sie bringt Angaben über die Säuglingssterblichkeit und über allgemeine Sterblichkeitsziffern, sowie über die Lebenserwartung; sie ist in den meisten Entwicklungsländern vorläufig nicht durchführbar;

2. Krankheitsstatistiken, basierend auf Tabulationslisten mit etwa 1000 bekannten Krankheiten, monatlich von Krankenanstalten und Arztsitzen gemeldet und in einer Zentralstelle zusammengestellt und ausgewertet, z. B. dreistellige ausführliche Liste der Weltgesundheitsorganisation, oder die vom Deutschen Statistischen Bundesamt herausgegebene „Krankheits- und Todesursachen-Klassifikation", die auf dem Dezimalsystem aufgebaut ist; in Entwicklungsländern beziehen sie sich nur auf die Einzugsgebiete größerer Krankenhäuser und gut eingerichteter Arztsitze oder auf Stichproben- und Spezialstatistiken;

3. Statistiken von Mutter-und-Kind-Beratungsstellen, Schulgesundheitsdiensten, sozialen Krankenversicherungen, Seuchenberichten,

Impflisten, die oft recht vollständig und über das ganze Land verbreitet sind;

4. Die Zusammenstellung aller verfügbaren Statistiken (unter 1 bis 3 genannt), falls von ihnen angenommen werden kann, daß sie in ihrer Gesamtheit einigermaßen zuverlässig sind, die Gesamtbevölkerung eines Landes erfassen, von qualifiziertem Personal mit zureichenden technischen Mitteln erhoben wurden, sind brauchbar für

   a) internationale Vergleiche,

   b) Vergleiche im eigenen Land mit Daten aus vergangenen Jahren, so daß die „trends", die *Richtungen* gesundheitlicher Entwicklung deutlich werden;

5. Die Zusammenfassung aller verfügbaren Statistiken (unter 1 bis 3 genannt), von denen angenommen werden muß, daß sie in Entwicklungsländern mehr oder weniger, meist jedoch sehr unvollständig sind, ist nur dort erlaubt, wo alle Statistiken *getrennt voneinander geführt und wenn stets Ausdehnung und Niveau des örtlichen Gesundheitsdienstes, von dem die Statistik stammt, kenntlich gemacht sind*. Nur auf diese Weise kann bei der Auswertung der Statistik ein Bild gewonnen werden, auf welchen Bruchteil der Bevölkerung etwa sie sich bezieht oder auf welche Krankheiten;

6. Ebenso ist die Zusammenfassung aller Statistiken nur sinnvoll, wenn *alle* Krankheiten, die beim einzelnen Patienten diagnostiziert sind, registriert werden und nicht, wie dies allgemein gebräuchlich und gefordert ist, nur *eine* Diagnose (von vielleicht vier oder fünf).

Dieser Unterschiede in den Möglichkeiten statistischer Erfassung zwischen Entwicklungsländern und technisch entwickelten Ländern muß man sich stets bewußt sein, wenn man Vergleiche zwischen den Gesundheitssituationen beider Ländergruppen ziehen will. Alle anderen Vergleiche sind illusionistisch. Man muß sich klar werden, daß es zur Zeit noch keine gültige internationale Vergleichsmöglichkeit der Gesundheitssituationen und der Gesundheitsdienste zwischen technisch entwickelten und unterentwickelten Ländern gibt. Alle bisher vorhandenen Daten können höchstens gelegentlich Hinweise geben.

Zweiter Teil

Gesundheit in Entwicklungsländern

A. Die generelle Gesundheitssituation in Entwicklungsländern

Die Situation bezüglich der Gesundheit und der Dienste für sie ist in Entwicklungsländern heute so verschieden von derjenigen in den technisch entwickelten Ländern, daß man sie nicht mehr als nur graduell unterschiedlich, sondern beinahe als fundamental verschieden bezeichnen muß.

Man kann, umgekehrt, sagen, daß der Standard der Gesundheit und des Gesundheitsdienstes ein Indikator für den technischen Entwicklungsgrad einer Nation ist.

Freilich ist dies statistisch nicht leicht zu belegen. In den technisch entwickelten Ländern mit ihrem ausgebauten Gesundheitsdienst, ihrer Bereitschaft zu den notwendigen finanziellen Ausgaben für einen modernen Gesundheitsdienst, ihrem gut ausgebildeten und an Zahl ausreichenden professionellen Personal mit vielfach hohem Berufsethos, der allgemeinen hygienischen Aufklärung der Bevölkerung, den sanitären Einrichtungen und dem zuverlässigen Meldesystem bei Infektionskrankheiten existiert heute ein recht klares Bild über den Gesundheitszustand der Bevölkerung und über ihre ärztliche Versorgung. In den Entwicklungsländern ist ein solches Bild sehr unvollständig. Die Bevölkerung ist vielfach fatalistisch und geht nicht zum Arzt, oder weiß gar nicht, daß ein Arzt vielleicht helfen kann. Die Zahl der Ärzte ist in vielen Entwicklungsländern so klein, daß nur ein Bruchteil der Bevölkerung ärztliche Hilfe finden kann. Das Berufsethos des ärztlichen Personals ist nicht überall gleich hoch. Die Entwicklungsländer sind zu arm, um größere Beträge für den Gesundheitsdienst auswerfen zu können. Die Regierungen wissen oft nicht, wieviel sie dafür ausgeben sollten, selbst wenn sie, wie die Ölländer, größere Mittel zur Verfügung stellen könnten. Die ärztlichen Untersuchungsmöglichkeiten mit komplizierten Apparaturen sind beschränkt. Das Meldesystem ist ganz unentwickelt. Um nur zwei Beispiele zu nennen: in der Statistik eines afrikanischen Krankenhauses, das einer Bevölkerung von 2 Millionen Menschen in der Provinz dient, wurde ein ganzes Jahr lang kein

Pockenfall gemeldet, aber durch eine Sonderuntersuchung in der gleichen Provinz wurden im gleichen Jahr in einem Teildistrikt mit etwa 25 000 Einwohnern 3000 akute Pockenfälle gefunden. Im gleichen Jahr meldete das gleiche Land, mit 20 Millionen Einwohnern, an die Weltgesundheitsbehörde nur 293 Pockenfälle (4).

Oder ein anderer Fall: „McLetchie (1954) aus Nigeria berichtet, daß bei der im Oktober 1951 ausgebrochenen Gelbfieber-Epidemie im Bezirk Udi (Provinz Onitsha, Ostnigerien) nur 66 Fälle durch Viruszüchtung serologisch oder bioptisch bestätigt wurden, man aber späterhin diese Epidemie auf 5500 Fälle mit 600 Todesfällen schätzte (15)."

Es ist also sicher, daß die statistischen Zahlen aus Entwicklungsländern nicht mit denjenigen aus technisch entwickelten Ländern verglichen werden dürfen. Bezüglich der Infektionskrankheiten wird man annehmen können, daß die wirklichen Zahlen in manchen Entwicklungsländern zehn- oder zwanzig- oder sogar hundertmal höher liegen als die offiziellen sanitätspolizeilich gemeldeten Ziffern beinhalten.

Man unterscheidet bei Infektionskrankheiten solche, die „endemisch" sind, d. h. bei denen die Infektionsquellen in einer Gegend ständig vorhanden bleiben und gelegentlich zu „Epidemien", d. h. zu einer über das übliche Maß hinausgehenden Zahl aufflackern. Wo Infektionskrankheiten nicht endemisch sind, werden sie gelegentlich aus anderen Gegenden eingeschleppt. Bei gut funktionierendem Gesundheitsdienst können solche Einschleppungen unter „Kontrolle" gehalten, d. h. auf wenige erste Fälle beschränkt werden. In vielen Entwicklungsländern ist eine solche Kontrolle unmöglich. In manchen Entwicklungsländern besteht zusätzlich die Gefahr, daß eine Epidemie künstlich zum Aufflackern gebracht wird, beispielsweise durch sogenanntes „Impfen" der Gesunden mit lebenden Viren (Pocken) von einem Kranken, unter keinerlei Kontrolle von einheimischen Medizinmännern vorgenommen.

Ein Ziel des internationalen öffentlichen Gesundheitsdienstes ist es, die bedrohlichsten der Infektionskrankheiten vollständig auszurotten. Dieses Ziel ist in den technisch entwickelten Ländern heute weitgehend erreicht. In den unterentwickelten Gebieten ist stellenweise ebenfalls eine Ausrottung mancher Seuchen und eine gewisse Verminderung bei anderen schweren Infektionskrankheiten erreicht. Trotzdem ist der Gesamtbefall an schweren Infektionskrankheiten in Entwicklungsländern noch sehr hoch.

Bei vielen Infektionskrankheiten kann man durch die Anwesenheit von Antikörpern im Blut auf die überstandene Krankheit schließen (besonders günstig bei Fleckfieber). Wenn aus einer Gegend nicht bekannt ist, ob die Krankheit vorkommt, können solche Antikörper-Blutuntersuchungen einen Hinweis auf das Vorkommen der Krankheit und den ungefähren Befall der Bevölkerung geben, selbst wenn die Krankheit selbst nicht beobachtet oder gemeldet wurde. Auf diese Weise stellte man beispielsweise fest, daß Poliomyelitis (Kinderlähmung), Diphtherie und Scharlach in manchen afrikanischen Ländern fast 100 Prozent der Bevölkerung befallen, ohne daß man in der gleichen Gegend als Arzt viele Fälle, ja manchmal über Jahre hin gar keine zu Gesicht bekommt.

Noch ungünstiger als bei den Infektionskrankheiten liegen die Verhältnisse bei den parasitären Krankheiten, die auf mangelnde sanitäre Einrichtungen und persönliche Unsauberkeit zurückzuführen sind, wie Wurmbefall und Hautparasiten. In vielen der Entwicklungsländer, die noch auf den untersten Stufen der Hygienisierung stehen, existiert eine solche Masseninfektion, daß deren circulus vitiosus von Befall und erneuter Ansteckung vorläufig nicht zu durchbrechen zu sein scheint. Mit Methoden der Volksaufklärung, durch Anlage und Zwangsbenutzung sanitärer Einrichtungen, durch Schädlingsbekämpfung und durch Individualbehandlung Erkrankter muß hier simultan gearbeitet werden. Durch solche kombinierten Angriffe mag ein Erfolg in Jahrzehnten möglich werden. Hier wird der Arzt zum Erzieher, denn es ist nicht die Krankheit, gegen die er ankämpfen muß, sondern er muß das soziale und erzieherische Problem pädagogisch angehen, um eine ganze Bevölkerung der Gesundheit auf diesem Spezialgebiet zuzuführen. Die Schwierigkeit dabei ist, daß die Jahrhunderte alten Sitten und Gepflogenheiten nicht leicht durch Aufklärung und Einsicht ersetzt werden können.

Das besondere Merkmal dieser Krankheitsgruppe vor den anderen, oben erwähnten Infektionskrankheiten ist, daß diese parasitären Krankheiten hundertprozentig durch persönliche Sauberkeit und Hygiene vermeidbar sind, ferner, daß sie so häufig vorkommen, daß sie von der Bevölkerung als natürliche Lebenserscheinung akzeptiert sind, und schließlich, daß sie für den Einzelnen nicht unbedingt lebensgefährlich verlaufen und daher nicht sehr ernst genommen werden im Vergleich zu dem dramatischen Verlauf der schweren Seuchen.

Die Folgezustände der parasitären Erkrankungen sind oft langfristig und werden dadurch manchmal nicht leicht erkannt. Aber sie bereiten, zusammen mit Unterernährung, den Boden für akute Erkrankungen und für Herabsetzung der Leistungsfähigkeit; durch diese Kombination werden sie oft zu einer gefährlichen Energiedrainage in einer breiten Volksschicht.

Die Dringlichkeit dieses Problems kommt in der Krankheitsstatistik der Entwicklungsländer meist nicht zum Vorschein. Denn der Wurmbefall und die Hautparasiten sind bei den üblichen Morbiditätsstatistiken in Sammelnummern registriert, die keine Übersicht über das eigentliche Ausmaß des Krankheitsgeschehens auf diesem Gebiet erlauben. Laboratoriumsberichte sind nur proportional richtig, denn sie schließen die Tausende von Patienten nicht ein, bei denen eine Laboratoriums-Untersuchung nicht vorgenommen wurde, und sie sagen nichts über Wiederholungsfälle aus. Durch die bisher oft praktizierte Einschränkung, nur *eine* Hauptdiagnose in der Statistik zu führen, wird die Mehrzahl der Krankheitsfälle dieser Kategorie nie gemeldet.

Ernährungsschäden sind höchstwahrscheinlich ebenfalls viel häufiger in Entwicklungsländern, als sie gemeldet werden. Bei solchen versagt hier wahrscheinlich das Meldewesen noch mehr als bei den Parasiten. Denn die Ernährungsschäden werden weniger beachtet von den Ärzten, sie sind nicht „meldepflichtig", und die Bevölkerung sieht sie oft als natürliche Zustände an: als in einer Unterrichtsanstalt von akademischem Rang in Afrika drei lebensgroße Puppen vorgeführt wurden, die erste ein gesundes wohlgenährtes Kind darstellend, die zweite ein schielendes mit offensichtlicher psychischer Störung, ein drittes, klein, mager, blaß, unterernährt, mit aufgetriebenem Leib, bezeichneten fast alle 150 Studenten das dritte Kind als das „normale" (eigene Beobachtung).

Mit bereits erwähnten Vorbehalten, nämlich daß die tatsächlichen Erkrankungszahlen in den meisten Entwicklungsländern um ein vielfaches höher liegen, während die Meldungen aus den technisch entwickelten Ländern als weitgehend korrekt anzusehen sind, soll die folgende Zusammenstellung über die Unterschiede im Auftreten von einigen Krankheiten Hinweise geben:

1. „Große Seuchen" — „the six great killers" — die fast alle damit in Berührung kommenden anfälligen Personen befallen und eine hohe Sterblichkeitsziffer haben.

In Entwicklungsländern

sind sie ein vordringliches Problem für den öffentlichen Gesundheitsdienst; wie oben mehrfach erwähnt, ist die tatsächliche Zahl der Fälle wahrscheinlich zehn- bis hundertmal größer als die Zahl der gemeldeten Fälle. Sie sind international als quarantänepflichtig angesehen.

In technisch entwickelten Ländern

sind sie ganz oder fast ganz ausgerottet. Sporadisch auftretende Fälle sind meist eingeschleppt. Sie bilden für den öffentlichen Gesundheitsdienst kein Problem mehr, da sie, wenn eingeschleppt, meist schnell unter Kontrolle gebracht werden können. Die Zahl der gemeldeten Fälle dürfte genau der Zahl der tatsächlichen Erkrankungen entsprechen.

| *In Entwicklungsländern* | *In technisch entwickelten Ländern* |

a) Pocken

in Afrika und Asien wurden 1960 insgesamt 58 222 Fälle gemeldet, mit 10 661 Todesfällen (29), 1946 wurden in Tanganyika 12 671 gemeldet. Die Zahl der Fälle ist zweifellos sehr viel höher, wie aus einigen Sonderbeobachtungen hervorgeht.	in Europa 1939—1948 in keinem Land Nordeuropas mehr als 100 Fälle pro Jahr, in vielen gar keine Fälle, nur in Italien 1945, in Griechenland 1943/44, in Spanien 1939, 1942, in Portugal 1939—1948 vermehrtes Auftreten von Pockenfällen, doch nirgends mehr als 3000 pro Jahr (29). 1956 wurde in ganz Europa kein Fall von Pocken bekannt (19). Seitdem sind alle Pockenfälle nur gelegentlich eingeschleppte Fälle.

b) Gelbfieber

Es gibt noch zahlreiche Herde in Südamerika und Afrika. In Äthiopien wurden Anfang 1961 3000 Fälle geschätzt (29), 1951 wurden in Nigeria (Bezirk Udi) 5500 Fälle geschätzt (15).	ist in Europa und Nordamerika nicht beobachtet.

c) Fleckfieber und andere durch Rickettsien verursachte Krankheiten (im englischen: „Typhus")

1960 wurden als Weltbefall 7560 Fälle mit 54 Todesfällen gemeldet (29). Die tatsächliche Zahl der Erkrankungen ist zweifellos sehr viel höher, da die Diagnose schwierig ist und die Meldungen daher besonders unzuverlässig sind (5).	nur in Portugal, Polen und Jugoslavien wurden 1960 359, 265 und 150 Fälle gemeldet (29). Sonst ist die Krankheit in den industrialisierten Ländern ausgerottet. Diese Krankheit ist vielleicht diejenige, bei der am ehesten mit einer weltweiten Ausrottung gerechnet werden kann.

d) Rückfallfieber

die 5212 im Jahre 1960 gemeldeten Erkrankungen und 31 Todesfälle (29) sind zweifellos nur ein Bruchteil der tatsächlich vorkommenden Fälle.	nur in Spanien sind noch endemische Herde vorhanden; die sonst in Europa spärlich auftretenden Fälle sind eingeschleppt.

e) Pest

1961 sind noch etwa insgesamt 800 Fälle aus dem Kongo, aus Kamerun, Kenia, Madagaskar, Indien, Burma und Südamerika gemeldet worden (29).	Nach 1950 sind nur auf den Azoren noch Pestfälle aufgetreten, sonst seit 1952 weder in Europa noch in Nordamerika (15). Schwierig auf der ganzen Welt auszurotten wegen der Reservoire in Ratten.

A. Die generelle Gesundheitssituation in Entwicklungsländern

In Entwicklungsländern   *In technisch entwickelten Ländern*

f) *Cholera*

nur Asien hat 1961 noch Fälle gemeldet, davon Indien 48 028, mit 16 436 Todesfällen (29); Pakistan hatte 1960 noch 15 774 Fälle, mit 6608 Todesfällen gemeldet (29).	ist in den industrialisierten Ländern ausgerottet, in der westlichen Hemisphäre keine Fälle mehr seit 1911, in Europa keine mehr seit 1923 (37).

2. „**Infektionskrankheiten**", die alle Personen befallen oder solche, die selektive Personengruppen (Kinder, Geschwächte) befallen, und die mit einer erheblichen Schwächung des Kräftezustandes einer Bevölkerung einhergehen und teilweise zu Verstümmelungen und Entstellungen führen, nicht aber so hohe Sterblichkeitsziffern aufweisen wie die „großen" Seuchen. Diese Krankheitsgruppen sind in den industrialisierten Ländern teilweise ausgerottet, teilweise sind sie noch endemisch, aber unter Kontrolle, teilweise treten sie in technisch entwickelten Ländern mit schwereren Erscheinungen auf, als in manchen Zonen der Entwicklungsländer.

a) *Typhus und Paratyphus* (im englischen: „Typhoid")

wird infolge seiner nicht ganz leichten Diagnose wahrscheinlich besonders oft nicht erkannt und daher nicht gemeldet. Vergleichsstatistiken mit technisch entwickelten Ländern können nicht verwendet werden. Antikörper im Blut finden sich bei Probeuntersuchungen von beliebig herausgegriffenen erwachsenen Bewohnern bis zu 100 % in einigen Gegenden der Entwicklungsländer.	ist in manchen Ländern Europas noch endemisch, vor allem in Italien (1960/61 monatlich etwa 1000 Fälle), in Spanien (1960/61 monatlich etwa 600 Fälle), in Jugoslawien, Polen, Portugal, Ostdeutschland und Griechenland. In den übrigen europäischen Ländern und in Nordamerika treten nur wenige Fälle auf (17).

b) *Ruhr*

Bazillen- und Amoebenruhr sind neben der Cholera die gefürchtetste Darminfektion in technich unterentwickelten Gebieten. Beide Krankheiten sind wegen mangelnder Laborariumsdiagnostik hier oft nicht voneinander oder von anderen Darminfektionen zu unterscheiden; in vielen unterentwickelten Gebieten ist die Ruhr wahrscheinlich die wichtigste Ursache der hohen Säuglingssterblichkeit.	kommt sporadisch vor, meist eingeschleppt aus unterentwickelten Ländern (1943 aus Lybien durch Truppen nach England, aus Dakar nach Frankreich) (15); die Diagnose wird in den ausreichend vorhandenen Laboratorien zuverlässig gestellt; die seuchenpolizeilichen Meldungen dürften weitgehend vollständig sein.

In Entwicklungsländern	In technisch entwickelten Ländern

c) Diphtherie

Über das Vorkommen der klinischen Diphtherie liegen aus den Entwicklungsländern kaum Zahlen vor; aus gelegentlichen örtlichen Blutuntersuchungen auf Antikörper weiß man, daß die Diphtherie fast überall endemisch ist; wieviele Todesopfer sie fordert, ist unbekannt.	Diese Krankheit scheint hier im Aussterben begriffen zu sein: in den letzten sieben Monaten des Jahres 1961 wurden gemeldet: in Polen 1986, Bundesrepublik 622, USA 267, Niederlande 4, Schweden 1, Dänemark 0, Norwegen 0 Fälle (26).

d) Scharlach, Streptokokkeninfektion

Auch über das Vorkommen der klinischen Bilder dieser Erkrankung liegen keine zuverlässigen Statistiken aus Entwicklungsländern vor.	Diese Krankheit unterliegt starken Schwankungen des „genius epidemicus". Sicher scheint zu sein, daß die Todesfälle an Scharlach seit Jahren (durch erfolgreiche Behandlung?) an Zahl erheblich zurückgehen.

e) Poliomyelitis (Kinderlähmung)

Wie bei der Diphtherie werden erstaunlich wenig Fälle aus Entwicklungsländern gemeldet; das mag an dem unzureichenden Gesundheitsdienst liegen, der die Fälle nicht erfaßt; es mag aber auch sein, daß die Kinder sich bereits in sehr frühem Lebensalter anstecken und entweder zugrundegehen (ohne Diagnosestellung) oder ohne Lähmungen überleben, vielleicht weil sie Antikörper von der Mutter mitbekommen; bei gelegentlichen Stichprobenuntersuchungen wurde an vielen Stellen gefunden, daß bei fast allen Untersuchten Antikörper im Blut vorhanden waren, daß also die Krankheit überstanden wurde, d. h.: sehr häufig vorkommt.	Die Krankheit ist überall da, wo Impfungen durchgeführt werden, in rapidem Rückgang begriffen (Ausnahmen hiervon dürften auf Mängeln der Impfungstechnik beruhen); vor allem geht auch die Zahl der Fälle, bei denen Lähmungen zurückbleiben, bedeutend zurück; West-Berlin beispielsweise hatte in der zweiten Hälfte 1961 ohne Todesfall 6 Fälle, Finnland 10 Fälle, Island keinen Fall, andere europäische Länder meldeten jährlich bis 1961 einige hundert Fälle (die Epidemien schwankten stark) (27); Kanada und USA 1960 4071 Fälle (39).

f) Meningitis, Masern, Keuchhusten

Hier scheint das Vorkommen etwa gleich hoch zu sein wie in den technisch entwickelten Ländern; es ist sicher anzunehmen, daß die tatsächliche Zahl der Erkrankungen um ein Vielfaches höher liegt als die Meldungen, da von den Gesundheitsdiensten nur ein Bruchteil der Bevölkerung erfaßt wird.	Die Erkrankungszahlen sind noch recht hoch, gehen aber deutlich zurück (für Keuchhusten und Masern), wo die Kinder geimpft werden, oder wo (für Gehirnhautentzündung) prophylaktische Behandlung und rechtzeitige Isolierung durchgeführt werden.

A. Die generelle Gesundheitssituation in Entwicklungsländern

In Entwicklungsländern — *In technisch entwickelten Ländern*

g) Tuberkulose

Diese Krankheit ist weltweit verbreitet; wenige Sterblichkeitsziffern (per 100 000 Einwohner) liegen vor aus Asien und Afrika, wie beispielsweise für Lungentuberkulose für 1959 in Hongkong 59,2, aus Formosa 40,3, aus Singapur 36,5, aus Japan 32, aus Südafrika (Negerbevölkerung) 92 (26); es ist anzunehmen, daß diese Zahlen in anderen afrikanischen und asiatischen Ländern mindestens ebenso hoch liegen.

Es dürfte bei genügendem Einsatz aller möglichen Bekämpfungsmaßnahmen gelingen, diese Krankheit in allen technisch entwickelten Ländern zum Aussterben zu bringen; die Sterblichkeitsziffer per 100 000 Einwohner war beispielsweise 1960: Holland 2,8, Dänemark 4,2, Kanada 4,7, Australien und Neuseeland 4,8, Norwegen 5,3, USA 6, Südafrika-Weiße 7,1, England und Wales 7,5, Schweden 8, Nordirland 8,1, Schottland 9,8 Bundesrepublik 16,2, Belgien 17,1, Südafrika-Asiaten 17,3, Frankreich 22,1, Österreich 23,4, Finnland 26, Ungarn 31, Japan 34,2, Portugal 46,8, Chile (1959) 56,1. (Demographic Yearbook 1961/62)

h) Lepra (Aussatz)

In Afrika wurden 1953 unter etwa 200 000 000 Einwohnern etwa 600 000 Leprafälle bekannt, doch wurde die tatsächliche Zahl auf 1,6 bis 1,7 Millionen geschätzt (15). Die Gesamtzahl der Leprafälle in der Welt wird auf 10 bis 15 Millionen geschätzt (11) (39). Die Krankheit kann theoretisch durch Sulfonbehandlung unter Kontrolle gebracht werden; behandelte Kranke brauchen nicht mehr unbedingt, wie früher, in Leprosarien isoliert zu werden.

Im elften und zwölften Jahrhundert weit verbreitet in Europa; 1952 waren in den technisch entwickelten Ländern nur vereinzelte Fälle bekannt: 4000 in Rumänien, 1708 in Spanien, 1416 in Portugal, 887 in Griechenland, 364 in Italien, 109 in Malta, 98 in Cypern, fast keine in Nordeuropa, in USA 390 Fälle (bei Einwanderern) (11).

i) Brucellosen („undulant fever")

werden aus den unterentwickelten Gebieten kaum gemeldet; das liegt wohl sicher nicht daran, daß sie hier nicht existieren, sondern daran, daß sie hier nicht diagnostiziert werden.

1956 wurden in USA 1232 Fälle gemeldet, 1955 in Italien 6914, in Spanien 2995, in Frankreich 697, in Griechenland 542, in Deutschland 431, in der Schweiz 170, in Großbritannien 1 (17).

j) Leishmaniosen

Infolge der relativ leichten klinischen Diagnose der Hautform der

Sporadisches Vorkommen in Südeuropa (Spanien, Portugal, Türkei,

In Entwicklungsländern

Krankheit und der dieser Krankheit folgenden Narbenbildung ist die Meldung dieser Krankheit in manchen Gebieten im beschränkten Rahmen der bestehenden Gesundheitsdienste verhältnismäßig zuverlässig; in manchen Gebieten noch vor kurzem fast 100prozentiger Befall der Bevölkerung (z. B. Irak).

In technisch entwickelten Ländern

Ungarn, Rumänien, Bulgarien, Jugoslawien, Griechenland, Malta, auch vereinzelt in Frankreich); die Krankheit ist kein Problem mehr für den öffentlichen Gesundheitsdienst.

k) *Anthrax* (Milzbrand)

Infolge nicht leicht zu stellender Diagnose nicht häufig aus unterentwickelten Gebieten gemeldet, aber sicher dort vorkommend (manchmal geheimgehalten von der Bevölkerung, beispielsweise in Äthiopien); 1961 lagen Meldungen vor aus Angola, Libyen, dem Sudan, Chile, Uruguay, Irak und Libanon (24).

Seltene Krankheit, wohl meist zuverlässig gemeldet; 1961 in sieben Monaten aus Spanien 444, Jugoslawien 154, Griechenland 116, Portugal 53, Ungarn 34, Bundesrepublik 6, Großbritannien 5, USA 5, Österreich 4, Belgien 2 (24).
Wahrscheinlich entstehen hier die Fälle durch mit Tierhäuten aus unterentwickelten Ländern eingeschleppte Krankheitskeime.

l) *Tetanus* (Wundstarrkrampf)

eine sicher häufige, wenn auch selten gemeldete Krankheit. Wo einigermaßen ausreichende Gesundheitsdienste existieren, werden Todesfälle dieser Krankheit mit ihrer hohen Letalität häufiger gemeldet als in weniger entwickelten Gebieten mit ganz unzureichenden Gesundheitsdiensten, beispielsweise 1960: Philippinen 2598, Kolumbien 1392, Japan 568, Venezuela 507, Taiwan 391 Todesfälle (24).

weitgehend ausgerottet, aber es kommen Fälle aus immer noch bestehenden örtlichen Reservoiren vor; gemeldet wurden beispielsweise 1959: Portugal 284, Jugoslawien 254, Tschechoslowakei 57, Großbritannien 25, Schweden 12, Italien 12, USA 7, Spanien 3, Griechenland 3, Kanada 2, Ostdeutschland 1 Fall (24).

m) *Rabies* (Tollwut)

die einzige mit hundertprozentiger Sicherheit immer zum Tode führende Krankheit, gegen die es kein Heilmittel, aber eine relativ wirksame Schutzimpfung gibt; sicher in allen unterentwickelten Gebieten nicht selten und der eingeborenen Bevölkerung meist bekannt; nicht ent-

durch Kontrolle der Hunde und Quarantänemaßnahmen selten, aber durch Reservoire aus Wildbeständen nicht ausgerottet (außer in Großbritannien und Irland); 1959 Italien 12 Todesfälle, USA 7, Jugoslawien 4, Ostdeutschland, Griechenland, Spanien je 3 Fälle gemeldet (18), sonst

A. Die generelle Gesundheitssituation in Entwicklungsländern

In Entwicklungsländern	*In technisch entwickelten Ländern*
sprechend häufig gemeldet durch den Mangel an gesundheitsdienstlichem Personal. Wo solches existiert, sind Todes-Meldungen häufiger, beispielsweise aus Niederl.-Neu-Guinea 212, Kolumbien 26, Venezuela 14 Fälle in 1959 (24).	aus keinem technisch entwickelten Land (24).

n) Trachom (ägyptische Augenkrankheit)

Diese oft schwere und manchmal zu Blindheit führende Augenkrankheit befällt in Afrika und Asien noch heute zwischen 10 und 100 % der Bevölkerung. Die Gesamtzahl der Trachomkranken wird auf 500 Millionen geschätz (33).	Existiert in den technisch entwickelten Ländern, ist jedoch fast überall unter „Kontrolle" und verläuft durch Vorbeugung und Behandlung der Komplikationen relativ leicht. Größere endemische Herde existieren in Südeuropa.

3. „Parasiten"

Der Parasitenbefall erreicht Höhen von 70 bis 80 Prozent, manchmal nahezu 100 Prozent in vielen unterentwickelten Gebieten und ist vielfach eine indirekte Todesursache; immer bedeutet er eine Schwächung des Befallenen, Verlust an Nahrungsstoffen (die von den Parasiten verbraucht werden) oder von Körpergeweben (die von den Parasiten verzehrt werden), und damit verminderte Arbeitskraft und Produktion; oft befallen mehrere Arten von Parasiten ein und denselben Patienten; in manchen Fällen sind die Parasiten Überträger von Seuchen.

Auch in technisch hochentwickelten Gebieten ist Befall mit Parasiten vorhanden; aber je moderner die Hygiene und je größer die persönliche Sauberkeit sind, desto seltener werden sie; in den technisch entwickelten Gebieten sind außerdem die Arten der Parasiten meist weniger gefährlich als diejenigen in unterentwickelten Gebieten.

a) Malaria

Die Zahl der Fälle in der Welt wird auf 300 bis 400 Millionen geschätzt mit 3 bis 4 Millionen Toten pro Jahr. 1955 hat die achte Generalversammlung der Weltgesundheitsorganisation die zeitlich begrenzte Ausrottungskampagne beschlossen, die vor allem mittels Insektiziden gegen übertragende Mücken vorgehen soll.	In Europa und USA ist Malaria noch endemisch, jedoch kommen Krankheitsfälle selten vor (im allgemeinen nicht über 100 pro Jahr in jedem der wenigen endemischen Distrikte). Der eindrucksvolle Rückgang in den vergangenen Jahren ist wesentlich ein Erfolg des Kampfes gegen übertragende Mücken mit Insektiziden.

In Entwicklungsländern	In technisch entwickelten Ländern
b) Bilharziose	
ist nahezu ausschließlich auf unterentwickelte Gebiete beschränkt, befiel in Ägypten bis vor kurzem beispielsweise 50 bis 60 % der Bevölkerung, in anderen afrikanischen Ländern 30 bis 40 %; die Zahl der Fälle in der Welt wird auf 150 Millionen geschätzt (33).	Nur in Portugal sind endemische Herde bekannt (11). Die Bekämpfung ist schwierig und kostspielig und benötigt viel Personal.
c) Filariose	
ist ebenfalls nahezu ausschließlich auf unterentwickelte Gebiete beschränkt (Südamerika, Afrika, Asien (23), befällt auf den Pazifischen Inseln bis zu 80 % der Bevölkerung (11); bis zu 39 % in Indien, Thailand bis zu 51 %, 30 % in Nyassaland, 50 % in Rhodesien, bis zu 28,6 % in Brasilien, 61 % in Guadelupe, 42 % in Surinam, China bis zu 40 %, (Zahlen auf Grund von Stichproben) (23).	in USA in Charleston und ferner in Südspanien noch endemisch (11).
d) Ankylostomen (Hakenwurmbefall)	
verursachen schwere Blutarmut, die in manchen unterentwickelten Gegenden eine häufige Todesursache vor allem bei Kindern ist; Befall in warmen feuchten Gebieten 50 % und mehr der Bevölkerung.	in Europa in Bergwerken und bei Tunnelbauten in Belgien, bis vor 60 Jahren in Großbritannien, Schweiz, ferner recht häufig in Südeuropa, aber stets nur bei kleinen Teilen der Gesamtbevölkerung (11).
e) Askariden (Rundwürmer)	
gibt es weltweit, jedoch ist der Befall in unterentwickelten Gebieten sehr groß, sowohl was die Zahl der Würmer im einzelnen Patienten betrifft (eigene Beobachtung bis zu 776 Würmer bei einer Kur abgegangen), als auch, was den Prozentsatz der befallenen Bevölkerung angeht (eigene Beobachtung 75 %) (8). Der durchschnittliche Befall wird geschätzt in Asien (ohne UdSSR) bei 1238 Millionen Menschen auf 40 %, in Afrika bei 165 Millionen Menschen auf 36 %, in Mittel und Süd-	der Befall wird geschätzt in Europa (ohne UdSSR) bei 354 Millionen Menschen auf 9 %, in UdSSR (europäischer Teil) bei 168 Millionen Menschen auf 8 %, in Nordamerika bei 182 Millionen Menschen auf 2 % (15).

A. Die generelle Gesundheitssituation in Entwicklungsländern 35

In Entwicklungsländern *In technisch entwickelten Ländern*

amerika bei 124 Millionen Menschen auf 34 %, in UdSSR (asiatischer Teil) bei 32 Millionen Menschen auf 22 % (15).

Entsprechend ist das Bild bei anderen Parasiten, einschließlich Ektoparasiten (Läuse, Flöhe, Milben).

4. „Geschlechtskrankheiten"

In Entwicklungsländern	*In technisch entwickelten Ländern*
In den unterentwickelten Ländern sind die gesundheitspolizeilichen Meldungen über Geschlechtskrankheiten unvollständig durch den Mangel an Ärzten und vor allem an Laboratorien; wo Stichproben gemacht wurden, wurden beispielsweise in Äthiopien 46 % positive Blutteste gefunden (9). Es mag erwähnt werden, daß Geschlechtskrankheiten in manchen Entwicklungsländern keine besondere soziale Bedeutung haben und nicht als Schande angesehen werden; sie werden oft, wie andere Krankheiten auch, fatalistisch akzeptiert. Möglicherweise sind die Folgen von Syphilis (Tertiärstadium) in manchen Entwicklungsländern seltener als in Industrieländern. Die Zahl der Frambösiefälle in der Welt wird auf 50 Millionen Fälle geschätzt. Im Anschluß an die zweite Frambösie-Konferenz der Weltgesundheitsorganisation 1955 sind sehr große Anstrengungen gemacht worden, um diese den Patienten schwächende und entstellende Krankheit auszurotten. Der Erfolg dieser Anstrengungen war groß (Befall in manchen Gegenden von 30 % auf 0,1 % zurückgegangen) (39).	Die Zahl der gemeldeten Geschlechtskrankheiten ist verschwindend klein, gemessen an dem wahrscheinlichen Befall in unterentwickelten Ländern. (Die höchsten Zahlen waren 1957 in Ostdeutschland für Gonorrhö 28 906, in Großbritannien 1956 für Syphilis 5141, für Gonorrhö 20 388) (20). Die selteneren Geschlechtskrankheiten wie Weicher Schanker, Lymphogranuloma inguinale, Granuloma venerum, und die endemischen Syphilisformen wie Bejel, Frambösie, kommen in den technisch hochentwickelten Ländern nicht mehr vor. In den industrialisierten Ländern werden Geschlechtskrankheiten meist als Schande angesehen, daher verheimlicht und wahrscheinlich oft ohne ärztliche Hilfe selbst behandelt, so daß sie in Statistiken nicht erscheinen. Von 1957 bis 1960 sind die Syphilismeldungen gestiegen (in Großbritannien um 30 %, in USA um 45 %, in Dänemark um 85 %, in Italien dreimal mehr Fälle als 1955) (39).

5. „Mangelkrankheiten"

Diese Krankheiten können unterteilt werden in allgemeinen Nahrungsmangel und in Mangel an bestimmten Stoffen in der Nahrung (beispielsweise Eisen, Vitamine, Eiweiß). In den technisch hochentwickelten Ländern ist die Überernährung mehr verbreitet (und vielleicht schwerer zu bekämpfen) als die Unterernährung. In den Entwicklungsländern sind fast überall Unterernährung *und* Mangelernährung vorhanden, teils infolge zu geringer Produktion von Nahrungsmitteln oder ihrem Verderb (keine zweckmäßigen Vorratseinrichtungen) oder Verlust (Heuschrecken, Mäuse, Ratten), teils infolge unzweckmäßiger Zubereitung und durch Mangel an Wissen (falsch zusammengestellte Speisefolgen). Allgemeine Statistiken darüber gibt es freilich nicht. *Einen* Hinweis auf die mangelhafte Ernährung geben durchschnittliche Gewichtskurven, vor allem diejenigen der Säuglinge, der Kleinkinder und der Schulkinder (9).

Säuglingsgewichte: Die durchschnittlichen Gewichte der Säuglinge aus einer äthiopischen Mutter-und-Kind-Beratung sind untenstehend angegeben. Es muß beachtet werden, daß die Altersangaben der Kinder, von den Müttern angegeben, nur ungefähre sind. Geburtszeugnisse existieren noch **keine.**

1926 Wiegeergebnisse von 725 Säuglingen verteilen sich wie folgt:

Tabelle 1

Säuglingsgewichte in Gondar, Äthiopien (8)

```
 80 waren unt.  1 Monat    alt mit 3290 g Durchschnittsgewicht
137 von  1 bis  2 Monaten alt mit 3795 g Durchschnittsgewicht
125 von  2 bis  3 Monaten alt mit 4493 g Durchschnittsgewicht
122 von  3 bis  4 Monaten alt mit 5140 g Durchschnittsgewicht
110 von  4 bis  5 Monaten alt mit 6119 g Durchschnittsgewicht
114 von  5 bis  6 Monaten alt mit 6281 g Durchschnittsgewicht
156 von  6 bis  7 Monaten alt mit 6415 g Durchschnittsgewicht
107 von  7 bis  8 Monaten alt mit 6415 g Durchschnittsgewicht
108 von  8 bis  9 Monaten alt mit 6798 g Durchschnittsgewicht
115 von  9 bis 10 Monaten alt mit 6931 g Durchschnittsgewicht
106 von 10 bis 11 Monaten alt mit 7169 g Durchschnittsgewicht
 82 von 11 bis 12 Monaten alt mit 6947 g Durchschnittsgewicht
154 von 12 bis 13 Monaten alt mit 7374 g Durchschnittsgewicht
 77 von 13 bis 14 Monaten alt mit 7324 g Durchschnittsgewicht
 80 von 14 bis 15 Monaten alt mit 7633 g Durchschnittsgewicht
 76 von 15 bis 16 Monaten alt mit 7726 g Durchschnittsgewicht
 59 von 16 bis 17 Monaten alt mit 8165 g Durchschnittsgewicht
 41 von 17 bis 18 Monaten alt mit 8185 g Durchschnittsgewicht
 57 waren über 18 Monate  alt mit 8148 g Durchschnittsgewicht
```

Sonderuntersuchungen von Ernährungsforschern haben ergeben, daß die Kalorienmenge der täglichen Nahrung in vielen Entwicklungsländern unter den heute als Minimalbedarf angesehenen Werten liegt.

6. „Alters- und Zivilisationskrankheiten

Diese Krankheiten (Krebs, arteriosklerotische und andere Herzkrankheiten) sind in den technisch hochentwickelten Ländern häufiger als in den Entwicklungsländern, wo die durchschnittliche Lebenserwartung etwa halb

A. Die generelle Gesundheitssituation in Entwicklungsländern

so lange ist und wo, außer in den Hauptstädten, wenig Gelegenheit besteht, von „Zivilisationskrankheiten" befallen zu werden. Einige statistische Zahlen über die zehn hauptsächlichsten Todesursachen, auf 100 000 Einwohner im Jahre 1959 veranschaulichen dieses Bild (wobei, wie immer, erwähnt werden muß, daß die Angaben aus Entwicklungsländern unzuverlässig und unvollständig sind; viele Stichproben sprechen dafür, daß die Infektions- und Mangelkrankheiten um ein vielfaches häufiger auftreten, als sie gemeldet werden; bei den anderen Krankheiten ist nicht bekannt, ob sie häufiger sind); in den meisten technisch hochentwickelten Ländern sind Herzkrankheiten, Gehirnblutungen, Krebs und Unfälle jetzt die häufigsten Todesursachen:

Tabelle 2
Von 1000 Todesfällen entfallen auf (28)

Todesursache	Guatemala	Südafrika (Neger)	Hongkong	Portugal	Bundesrepublik Deutschland	Dänemark
1. Infektionskrankheiten	503,8	176,4	100,7	73,6	21,9	8,2
2. Krebs- u. a. bösart. Geschwülste	24,2	75,8	64,9	91,1	203,3	211,4
3. Diabetes	2,2	5,6	1,4	6,3	12,5	6,7
4. Gelenkrheumatismus	1,2	0,3	0,4	0,9	0,4	0,5
5. Rheumatische Herzkrankheiten	1,2	11,4	8,4	18,5	1,1	6,3
6. Arteriosklerotische und degenerative Herzkrankheiten	15,5	67,8	25,7	88,2	181,5	214,4
7. Übrige Herzkrankheiten	9,6	9,2	11,9	26,9	19,5	42,8
8. Bluthochdruck mit Herzbeteiligung	1,4	24,2	8,8	15,3	13,8	16,8
9. Bluthochdruck ohne Herzbeteiligung	4,5	15,2	4,6	4,7	4,6	2,7
10. Unfälle	Kolumbia 45,0	Weiße 54,8	Japan 44,8		40,1	45,7

Erwähnenswert sind auch die zunehmenden Todesfälle an Lungenkrebs je 100 000 Einwohner, die bis etwa 1950 sehr viel niedriger waren als heute in den industrialisierten Ländern. Die untenstehende Tabelle gibt Aufschluß über Vergleichszahlen aus industrialisierten und aus Entwicklungsländern aus späteren Jahren.

Jahr	Land	Todesfälle an Lungenkrebs auf 100 000 Einwohner
1957	Ägypten	2,2
	Venezuela	5,1
	Chile	6,5
1958	Japan	6,5
1957	Norwegen	8,6
	Israel	13,0
	Kanada	14,3
	USA	15,3
1958	Australien	16,1
	Neu-Seeland	19,8
	Finnland	27,6
	andere europäische Länder bis	50,0

Das Verhältnis von Todesfällen von Männern zu Frauen an Lungenkrebs ist etwa 5 : 1.

7. „Geisteskrankheiten"

Deutlicher noch als bei den Alters- und Zivilisationskrankheiten ist der Unterschied zu Ungunsten der technisch hochentwickelten Länder beim Vergleich der hospitalisierten Geistesstörungen, obwohl auch hier nicht nur die Statistiken aus Entwicklungsländern sicher ganz ungenügend sind, sondern zudem bedacht werden muß, daß in diesen Ländern vielfach die Möglichkeit der Hospitalisierung solcher Kranker kaum besteht.

Die verfügbaren Zahlen der belegten Krankenhausbetten von 1958 sind

	Einwohnerzahl:	belegte Betten:
Kanada	(17 442 000)	106 064
USA	(117 128 000)	1 035 911
Ägypten 1957	(25 000 000)	11 000
Sudan	(11 500 000)	580
Chile	(7 450 000)	3 417
Peru	(10 524 000)	3 417
Venezuela	(6 512 000)	3 040
Formosa	(10 000 000)	222
Hongkong	(3 410 000)	1 885
Japan	(92 740 000)	70 189
Finnland	(4 414 000)	15 319
Italien	(48 800 000)	179 018
Großbritannien	(51 900 000)	242 883
Norwegen	(3 568 000)	15 244
Schweden	(7 470 000)	49 603
Österreich	(7 020 000)	20 025
Tschechoslowakei	(13 564 000)	4 802
Jugoslawien	(18 436 000)	7 474

Jeder erfahrene Arzt in Entwicklungsländern weiß, daß mit wachsender Technisierung auch in Entwicklungsländern die psychischen Störungen rapide zunehmen. In den Industrieländern, vor allem in Großbritannien, Frankreich und den Niederlanden werden erhebliche Anstrengungen gemacht, um bessere Vorbeugung, sozialere Versorgung, ausgiebigere Behandlung mit Medikamenten zu gewährleisten. Hierzu gehören u. a. stärkere Verwendung von Spezialabteilungen in Allgemeinkrankenhäusern, mehr „offene" Stationen, mehr Heimpflege und ein dichteres Netzwerk von Spezialeinrichtungen.

8. Unfälle

Unfälle sind in den industrialisierten Ländern in den Altersgruppen 1 bis 4 Jahre 30 %, in den Altersgruppen 5 bis 14 Jahren (erste Gruppe aller Todesfälle) 38 %. In den Altersgruppen 15 bis 44 Jahren sind Unfälle in manchen Industrieländern erste Todesursache (in Dänemark, Großbritannien und den Niederlanden an zweiter oder dritter Stelle) (39). In der Bundesrepublik Deutschland, Österreich, Kanada und den USA sind Kraftfahrzeugunfälle die Hauptursache aller Unfalltode (30 auf 100 000 Einwohner, gegen 10 auf 100 000 Einwohner in Norwegen).

9. Selbstmorde

Auch hierbei können internationale Vergleiche wohl nur zwischen den technisch hochentwickelten Ländern untereinander angestellt werden, da die Selbstmordmeldungen aus Entwicklungsländern zu unvollständig sind. Es scheint aber, daß Selbstmorde in Entwicklungsländern doch viel seltener vorkommen als in Europa und Nordamerika. Folgende Zahlen (Selbstmorde pro Jahr auf 100 000 Einwohner) sind gemeldet:

West-Berlin	1955—1959	34,1	(Demographic Yearbook 1961) (41)
Österreich	1955—1959	23,6	(Demographic Yearbook 1961) (41)
Dänemark	1955—1959	22,0	
Schweiz	1953—1957	21,7	
Finnland	1953—1957	20,1	
Schweden	1955—1959	18,6	
Frankreich	1955—1959	16,6	(25)
Großbritannien	1955—1959	11,6	
Norwegen	1954—1958	7,4	
Italien	1955—1959	6,5	
Holland	1955—1959	6,4	
Spanien	1952—1956	5,7	
Irland	1955—1959	2,5	(Demographic Yearbook 1961 (41)

In den katholischen Gebieten wird teilweise die Selbstmordziffer geringer angegeben als in evangelischen Gebieten. Der Altersaufbau wirkt sich insofern teilweise aus, als bei größerem Anteil der höheren Altersklassen die Selbstmordziffer ansteigt.

Wenn man die vorstehende Gegenüberstellung von Infektions- und Mangelkrankheiten betrachtet, wird klar, daß die Häufigkeit dieser meist schweren Leiden in den Entwicklungsländern das vielfache, vielleicht das vielhundertfache von denjenigen in technisch entwickelten Ländern beträgt. Würde man eine Idealzahl der Gesundheit, die durch einen perfekten modernen Gesundheitsdienst erreichbar ist, in diesem Jahr 1964 gleich 100 setzen, und den „Urzustand" ohne Gesundheitsdienst gleich 0, dann würden Länder wie Schweden, die Niederlande, Neuseeland, die Zahl 100 erreichen, während einige Entwick-

TABELLE 3

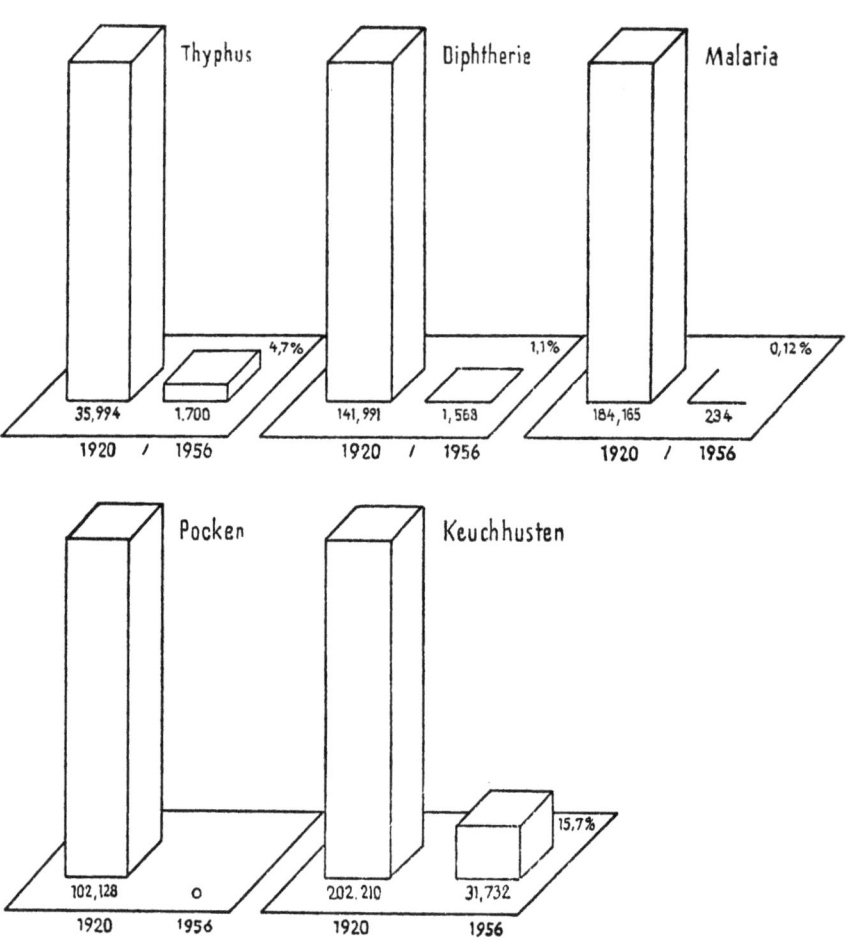

ABSINKEN EINIGER INFEKTIONSKRANKHEITEN IN USA 1920-1956

lungsländer, je nach dem Ausbau ihres Gesundheitsdienstes, vielleicht die Zahlen von 0 bis 10 erreichen würden. Das Tragische an dieser Situation ist, daß heute fast alle Infektions- und Mangelkrankheiten entweder verhütbar oder erfolgreich zu behandeln wären. Theoretisch ist es möglich, alle diese Krankheiten auf der Erde auszurotten.

Wie sehr eine solche Ausrottung mit zunehmender Technisierung und Verbesserung des Gesundheitsdienstes gelingt, geht aus den USA Statistiken von 1920—1956 (14) hervor, die inzwischen noch günstiger geworden, aber, soweit dem Verfasser bekannt, nicht in dieser übersichtlichen Form zusammengestellt sind: (Tabelle 3).

Freilich wird in den technisch hochentwickelten Ländern die Zahl der „Leiden" durch die ärztlichen Erfolge bei der Bekämpfung der Infektionskrankheiten und der Mangelzustände, wie bereits eingangs erwähnt, nicht vermindert. Denn an Stelle der Seuchen und Mängel treten Alterserscheinungen und andere Schäden, meist als „Zivilisationskrankheiten" bezeichnet: Herz- und Kreislaufleiden, Krebs, Verkehrsunfälle, Zahnkrankheiten, und vor allem die psychischen Störungen. Krebs ist, mit Ausnahme des Lungenkrebses, wahrscheinlich nur dadurch häufiger in den technisch hochentwickelten Ländern, daß hier das durchschnittliche Lebensalter höher liegt als in den Entwicklungsländern. Alle anderen eben genannten Leiden können jedoch wohl überwiegend als direkte Zivilisationsschäden, also als Folge der technischen Entwicklung angesehen werden.

B. Gesundheitsdienste

Mehr als andere öffentliche Aufgaben wie Verkehrs-, Polizei-, Postdienste von mehr technischem Charakter, hängen die Systeme des Gesundheitsdienstes von ökonomischen, sozialen, kulturellen, politischen und religiösen Voraussetzungen ab, die von Land zu Land verschieden sind. Es läßt sich daher kein einheitliches Bild eines Weltgesundheitsdienstes darstellen und ein solches Bild wird wahrscheinlich nie zustandekommen. Auch wenn die wissenschaftlichen *Prinzipien* etwas *Absolutes* an sich haben und mit der Vertiefung der Kenntnisse und Erkenntnisse sich von Jahr zu Jahr erweitern, so ist ihre *Anwendung* in jedem Land relativiert durch die besonderen Gegebenheiten. Die auf den folgenden Seiten angegebenen Gegenüberstellungen, fußend auf älteren Zusammenstellungen der Weltgesundheitsorganisation (12) sollen mehr eine Illustration der bestehenden Verschiedenheiten geben als eine aktuelle Information sein. Denn eine solche, wenn auch heute gültig, ist morgen schon überholt.

Die Organisation der Gesundheitsdienste kann in drei verschiedenen Formen erfolgen:

1. die ursprüngliche Form der direkten Beziehung zwischen dem Arzt und dem Patienten, der die ärztliche Tätigkeit privat bezahlt (bei primitiven Völkern, in Großstädten der Entwicklungsländer und in USA),

2. die gesundheitsdienstliche Sicherung der Majorität der Bevölkerung durch obligatorische Versicherungssysteme (im kontinentalen Westeuropa),

3. der verstaatlichte Gesundheitsdienst, der allen Einwohnern in gleicher Weise als menschliches Grundrecht zur Verfügung steht (in Großbritannien, im kommunistischen Block und in einigen Entwicklungsländern).

Die Ausgaben für einen modernen Gesundheitsdienst erhöhen sich von Jahr zu Jahr durch die Verteuerung der Behandlungsweisen und Untersuchungsmethoden. Sie haben sich in den technisch hochentwickelten Ländern auf etwa 4 % des Nationaleinkommens jährlich eingespielt. Wenn das Nationaleinkommen hoch ist, sind die absoluten Ausgaben also höher als bei niedrigerem Nationaleinkommen.

Die für einen modernen Gesundheitsdienst notwendigen absoluten Mindestausgaben sind nicht bekannt. Sie richten sich nach dem Wunschbild, das man für einen „modernen Gesundheitsdienst" ansetzt und nach dem Niveau der örtlichen Ausgaben, z. B. für Gehälter, Medikamente, Mieten usw. Vielleicht liegen sie etwa zwischen 50 und 100 DM pro Kopf und Jahr. Die Höchstausgaben dürften zur Zeit bei etwa 500 DM (in USA) liegen. (Die fast doppelt so hohen Ausgaben in Kuweit dürften durch hohe Investitionen für Neueinrichtungen bedingt sein.)

Tatsächlich sehen zur Zeit die Zahlen in einigen Ländern so aus wie in Tabelle 4 angegeben, wobei zu bedenken ist, daß Großbritannien, Neuseeland, die Sowjetunion und die Ostblockstaaten und einige Entwicklungsländer ihren Gesundheitsdienst ganz oder fast ganz verstaatlicht haben, in anderen Ländern dagegen zu diesen Zahlen noch die Privatausgaben der Patienten oder Krankenkassen und verschiedener Organisationen zugerechnet werden müssen (die in den USA beispielsweise etwa dreimal so hoch sind wie die staatlichen Ausgaben), wenn man die Gesamtausgaben für den vom Lande geleisteten Gesundheitsdienst feststellen will (37).

Da in Entwicklungsländern Privatausgaben für Patienten fast ausschließlich nur in den größeren Städten in Betracht kommen, geben die unten aufgeführten Zahlen Hinweise auf die Aufwendungen für den ländlichen Gesundheitsdienst. Man erkennt die großen Schwankungen sowohl im Prozentsatz, der vom Staatshaushalt für Gesundheitswesen abgezweigt wird (zwischen 1,1 % in Korea und 24,5 % in Kuweit), als auch besonders (bis zum beinahe zehntausendfachen) in den absoluten Zahlen pro Kopf der Bevölkerung (zwischen 911,67 DM in Kuweit und 0,11 DM in Nepal) im Jahr. Die Ausgaben für den Gesundheitsdienst sind nicht identisch mit der Quantität der Leistungen und sagen zudem wenig aus über deren Qualität; beispielsweise sind die Gehälter für Ärzte — wenn man allein einmal diesen Teil der Ausgaben herausgreift — in Äthiopien etwa doppelt so hoch wie in Israel; vergleichbare Leistungen dürften in manchen Entwicklungsländern bis zu einem mehrfachen von dem kosten, was sie in industrialisierten Ländern kosten.

Tabelle 4
Ausgaben für Gesundheitsdienst (37)

Land und Bevölkerungszahl in Millionen	Staatshaushalt in Mio DM [b]) umgerechnet	Staatshaushalt pro Kopf der Bevölkerung in DM	Prozentsatz des Staatshaushaltes f. Gesundheitswesen	absolute Zahl der Staatsausgaben f. Gesundheitswesen pro Kopf und Jahr in DM	Jahr
Äthiopien 20 [a])	560	28	6 %	1,68	1963/64
Angola 5	410	86	5,2 %	4,43	1960
Australien 10	—	—	—	43,00 dazu Lokalbeiträge	1958
Bahamas 0,1	72	675	10,3 %	82,87	1959/60
Barbados 0,25	257	1061	15,2 %	159,00	1960
Basutoland 0,7	13	20	12,1 %	2,36	1960/61
Bermuda 0,045	48	1104	14 %	116,46 (154,00) [c]	1959
Betschuanaland 0,35	—	—	—	3,00	1959
Bolivien 3,5	149	43	11,2 %	4,87	1960

a) Information des Verfassers („The New York Times", December 1963).
b) Für die Umrechnung in DM wurde die Währungstabelle der Berliner Bank, Ausgabe Juli 1962, zugrundegelegt. Die Kaufkraft wäre korrekter gewesen, ist aber kaum festzustellen.
c) Summe mit Zuschüssen aus anderen Quellen.

Gesundheit in Entwicklungsländern

Land und Bevölkerungszahl in Millionen	Staatshaushalt in Mio DM umgerechnet	Staatshaushalt pro Kopf der Bevölkerung in DM	Prozentsatz des Staatshaushaltes f. Gesundheitswesen	absolute Zahl der Staatsausgaben f. Gesundheitswesen pro Kopf und Jahr in DM	Jahr
Brasilien 66	5876	89	5,1 %	4,66	1960
Brunei 0,0825	74	896	7,4 %	65,70	1960
Ceylon 9,5	—	—	8,7 %	12,26	1957/60
Columbien 14	—	—	15,2 %	7,40	1959
Costarica 1	—	—	—	30,30	1960
Cuba 7	—	—	—	46,40	1960
Cypern 0,564	—	—	—	15,12	1960
Dänemark 4,5	4313	949	16,5 %	156,50	1958/59
Dahomey 1,75	88	50	12,4 %	6,20	1960
Dominikanische Republik 3	—	—	—	17,60	1960
Fidji 0,4	—	—	16,2 %	29,26	1960
Finnland 4,5 d)	5040	1124	8,3 %	86,00	1960
Gabun 0,4	70	168	8,15 %	13,63	1960
Gibraltar 0,025	19	792	12 %	100,78	1960
Griechenland 8,5	2231	270	4,5 %	11,46	1959
Großbritannien 52,4	63035	1203	13,3 %	160,97	1960
Haiti 3,5	—	—	—	4,34	1958/59
Honduras 2	—	—	11 %	9,40	1957
Hongkong 3	497	167	11,3 %	19,70	1959/60

d) Ab 1. 1. 1963 1 : 100.

B. Gesundheitsdienste

Land und Bevölkerungszahl in Millionen	Staatshaushalt in Mio DM umgerechnet	Staatshaushalt pro Kopf der Bevölkerung in DM	Prozentsatz des Staatshaushaltes f. Gesundheitswesen	absolute Zahl der Staatsausgaben f. Gesundheitswesen pro Kopf und Jahr in DM	Jahr
Indien 408	9057	22	4,6 %	1,85 c)	1960
Indonesien 85	3574	42	5 %	2,00	1960
Iraq 7	1301	197	5,6 %	25,75 c)	1960
Irland 3	1637	578	6 % zusätzlich etwa gleiche Summe v. Ortsverwaltg.	34,71	1960
Island 0,175	89	501	19,6 %	98,33	1959
Israel 2,1	2301	1087	5,5 %	43,27	1960/61
Jamaika 1,6	96	60	10,1 %	6,07	1960
Japan 94	17441	187	10,5 %	19,56	1960
Jemen	—	—	—	0,10	1960
Kambodscha 5	505	102	6 %	6,17	1960
Kamerun 3,5	236	72	9,9 %	7,18	1960
Kanada 18	—	—	13 %	192,59	1960/61
Kongo, Br. 0,8	70	879	18 %	158,70	1960
Korea 23	13040	568	1,1 %	6,15	1960
Kuweit 0,322	1197	3721	24,6 %	913,77	1960
Laos 2,3	1636	70	2,5 %	1,72	1960
Madagaskar 5,5	—	—	8 %	7,03	1960
Malta 0,35	189	575	10,4 %	59,93	1960/61
Marocco 11,6	1450	125	7 %	8,56	1960
Mauretanien 0,66	35	54	9,4 %	5,03	1959

Gesundheit in Entwicklungsländern

Land und Bevölkerungszahl in Millionen	Staatshaushalt in Mio DM umgerechnet	Staatshaushalt pro Kopf der Bevölkerung in DM	Prozentsatz des Staatshaushaltes f. Gesundheitswesen	absolute Zahl der Staatsausgaben f. Gesundheitswesen pro Kopf und Jahr in DM	Jahr
Mexiko 35	—	—	12,2 %	11,40	1960
Nepal 9,2	20	2	4,9 %	0,11 (1,05) c)	1960
Neuseeland 2,4	4354	1832	12,7 %	234,71	1960
Niger 3	—	—	9,4 %	2,76	1960
Nigeria 36	1722	48	6 %	2,80	1960
Nikaragua 1,5	141	96	13,2 %	12,69	1960
Norwegen 3,5	3561	1006	8 %	78,40	1958/59
Ostpakistan 45	343	8	5,9 %	0,42	1959/60
Westpakistan 39	5833	150		0,92 e)	1959/60
Panama 1	238	225	17,2 %	38,80	1960
Peru 11	1178	109	18 %	19,46	1960
Philippinen 28	1790	64	6,1 %	4,00	1960
Portugal 9	898	99	8,5 %	8,36	1959
Ruanda-Burundi 5	—	—	15 %	3,52	1960
El Salvador 2,5	288	110	13,6 %	14,88	1960
Samoa 0,02	—	—	—	100,40	1960
Sarawak 0,7	73	103	14 %	13,56	1960
Schweden 7,5	10570	1410 Hierin ist eingeschlossen Zuschüsse v. Vers. u. Ortszuschläge	(17,5 %)	246,66	1960/61

e) Staatsausgaben, dazu kommen Zuschüsse lokaler Körperschaften.

B. Gesundheitsdienste

Land und Bevölkerungszahl in Millionen	Staatshaushalt in Mio DM umgerechnet	Staatshaushalt pro Kopf der Bevölkerung in DM	Prozentsatz des Staatshaushaltes f. Gesundheitswesen	absolute Zahl der Staatsausgaben f. Gesundheitswesen pro Kopf und Jahr in DM	Jahr
Schweiz 5,5	5681	1048	8,1 %	88,28	1959
Sierra Leone 2,25	167	74	7,8 %	5,82	1960
Singapore 1,6	502	307	13,6 %	41,68	1960
Sowjetunion 212	324388	1530	6,6 %	100,89	1960
Spanien 30	43668	1472	6,5 %	95,69	1958
Thailand 26,5	—	—	—	1,65	1960
Togo 1	45	41	14 %	5,51	1960
Tschad 2,5	—	—	—	2,69	1960
Tschechoslowakei 13,5	57620	4222	6,7 %	283,63	1960
Türkei 28	2427	86	6,6 %	5,72	1960
Uganda 6,5	15	2	12,2 %	0,28	1959/60
Ungarn 10	23137	2319	13,4 %	311,23	1960
USA 177	—	—	—	120,00	1959
Venezuela 6,5	6567	1042	19 %	197,97	1960
Vietnam 13,8	169	123	4,13 %	5,06	1960
Westirian 0,75	152	207	8,3 %	17,13	1959
Westsamoa 0,11	—	—	—	0,27	1960

Die Staatsausgaben für den Gesundheitsdienst beinhalten in allen Ländern alle Ausgaben für die vorbeugenden Maßnahmen. Wo die absoluten Zahlen der Staatsausgaben für Gesundheitsdienst nicht genau mit den errechneten Prozentsätzen übereinstimmen, liegt eine Unstimmigkeit der Länderberichte vor. Die Umrechnungswerte sagen natürlich nichts über die Kaufkraft der Währungen aus.

Die Zahl der Ärzte, die notwendig ist, um einen modernen Gesundheitsdienst in industrialisierten Ländern personell zu sichern, dürfte bei mindestens einem Arzt für 1000 Einwohner (nach neueren Schätzungen 1 : 900) liegen. Die Zahl der notwendigen Krankenhausbetten dürfte um sieben bis zehn auf 1000 Einwohner liegen, die Zahl der Schwestern und des übrigen Hilfspersonals schwankt zu sehr, als daß man Richtzahlen geben könnte. Nach dem U Thant Plan für die Entwicklungsdekade 1960—1970 sollte es kein Entwicklungsland mehr geben, das 1970 weniger als:

a) einen Arzt für 10 000 Einwohner,

b) eine Krankenschwester für 5000 Einwohner,

c) einen Techniker (Röntgen, Laboratorium) für 5000 Einwohner,

d) einen Hilfshygieniker für 15 000 Einwohner,

e) einen Sanitätsingenieur für 25 000 Einwohner

besitzt. Natürlich sind eine gerechte Verteilung der Ärzte und eine Beziehung zur Größe des Landes und die Wohndichte zu berücksichtigen.

Die günstigste Verhältniszahl von praktischen Ärzten zu Fachärzten dürfte in den technisch entwickelten Ländern um 1 : 1 liegen; in den Entwicklungsländern sind weniger die Fachärzte nötig als „all-round"-Allgemein-Praktiker mit Interesse und Ausbildung für, und Einsicht in das Gebiet der vorbeugenden Gesundheitsfürsorge.

Vergleicht man die Zahlen der Indikatoren für die Gesundheitssituation (Säuglingssterblichkeit, Säuglingsgewichte, Inzidenz bestimmter infektiöser und parasitärer Krankheiten, Hämoglobinwerte, Todesfälle an Infektionskrankheiten, Mangelkrankheiten) mit den Zahlen der gesundheitsdienstlichen Aktivität (Zahl der Ärzte und Krankenhausbetten, finanzielle Aufwendungen für Gesundheitsdienst), dann erkennt man, daß zwischen beiden eine ziemlich regelmäßige Proportion besteht: mit zunehmender Erweiterung der gesundheitsdienstlichen Aktivität bessert sich der Gesundheitszustand. Das scheint zwar eine einfache Logik zu sein, aber diese Logik war keineswegs immer schlüssig. Bis vor etwa 150 Jahren standen die Ärzte den allermeisten Infektionskrankheiten machtlos gegenüber, die Mangelzustände waren größtenteils unerklärbar und die Säuglingssterblichkeit wurde als etwas unabwendbares hingenommen. „Das Mittelalter der Medizin reicht bis ins neunzehnte Jahrhundert (2)."

Der technische Fortschritt hat also der Medizin die Chancen gegeben, viele der körperlichen Leiden zum Verschwinden zu bringen. Die Aufgabe des Arztes auf diesem Gebiet ist erfüllbar geworden. Das wirft die Frage auf, welche Funktionen denn überhaupt der Arzt in den zwischenmenschlichen Beziehungen geschichtlich gehabt hat und heute noch hat. Vielleicht sind es die folgenden:

a) dem kranken Menschen eine psychische Stütze zu sein,
b) Krankheitsbilder zu beschreiben und zu erkennen,
c) Schmerzen zu lindern,
d) Krankheiten zu heilen,
e) Krankheiten vorzubeugen durch technische Mittel und durch Aufklärung,
f) Lebensvorgänge zu erforschen und das menschliche Leben zu verlängern,
g) das Wohlbefinden zu heben.

Die erste Aufgabe ist wohl die ursprünglichste, seit Jahrhunderten bewährte und heute noch unverändert vornehme Aufgabe des Arztes.

Es scheint heute, daß die zweite und dritte Aufgabe, auch wenn sie noch nicht abgeschlossen sind, doch weitgehend erfüllt sind. Die vierte Aufgabe ist bei vielen Infektions- und bei allen Mangelkrankheiten möglich geworden. Bei anderen Krankheiten sind wichtige Fortschritte erzielt worden und große Entdeckungen folgen sich immer rascher.

Die fünfte Aufgabe ist, noch mehr als die dritte, bei den meisten Seuchen und bei allen Mangelkrankheiten theoretisch lösbar; sie ist zudem ökonomisch vorteilhaft; die Aufklärung der Bevölkerung freilich bedarf großer Anstrengung und geschickter Methoden, um wirksam zu werden.

An der sechsten Aufgabe arbeiten Forscher unermüdlich. In den USA werden pro Jahr und pro Kopf der Bevölkerung 16 DM für medizinische Forschung ausgegeben (37).

Die siebente Aufgabe ist im technischen Zeitalter eher schwieriger als leichter geworden. Wer lange in klimatisch angenehmen Gegenden, in denen es keinen Gesundheitsdienst gibt, gelebt hat, wird den Eindruck gewinnen, daß das Wohlbefinden der Menschen hier größer ist als dasjenige in industrialisierten Gebieten. Es wird eine wichtige Frage sein, ob es der Medizin möglich sein wird, die technischen Erfolge der modernen Vorbeugungs- und Behandlungsmethoden erfolgreich einzuführen, ohne gleichzeitig Zivilisationsleiden einzuschleppen. Die Forschungsaufgaben des Arztes sollten sich in Zukunft auch dieser Frage zuwenden.

Dritter Teil

Wege zur Verbesserung der Gesundheit eines Volkes durch Gesundheitsdienste

Wenn, wie im vorigen Kapitel dargelegt, heute ein unzweideutiger Beweis für die *möglichen* Erfolge eines modernen Gesundheitsdienstes im Hinblick auf die Verbesserung der physischen Gesundheit statistisch nachweisbar ist, soll in diesem Abschnitt im einzelnen angedeutet werden, welche Wege zur Verbesserung der Gesundheit der Gesamtbevölkerung durch Gesundheitsdienste existieren. Sie hängen von der Ausbildung des Personals und dessen ethischer Einstellung ab, von der Oganisation des öffentlichen Gesundheitsdienstes mit seinen Vorbeugungs- und Versorgungsmaßnahmen, von der Aufklärung der Bevölkerung und von dem guten Willen Aller, gesünder zu werden. Die Möglichkeiten einer Besserung hängen aufs engste mit sozialen und ökonomischen Fortschritten zusammen: die einen sind ohne die anderen nicht denkbar und umgekehrt. Die kurative Individualbehandlung soll in diesem Zusammenhang nicht näher erläutert werden, denn sie gehört in den Bereich der ärztlichen Fachliteratur.

A. Ausbildung des Personals

Die zentrale Figur jedes Gesundheitsdienstes ist der Arzt. Er hat, wie es sich in der Geschichte der Menschheit nun einmal herausgebildet hat, die Sorge für den Kranken zu tragen durch das Erkennen der Krankheit und durch ihre Behandlung. Er ist täglich vor neue Fragen gestellt; er muß nach Wegen suchen, nicht nur den Kranken zu heilen, sondern die Gesunden vor Krankheit zu schützen, und er muß danach trachten, die Gesundheit aller Menschen ständig zu verbessern. Er ist also, selbst wo er als Praktiker auf dem Dorf tätig ist, immer zugleich forschend eingestellt. Seine Ausbildung wird als Studium bezeichnet und findet meist an einer „Universität" statt, also an einer Lehrstätte, in der sich mehrere Fakultäten verbinden. Er soll den höchsten geistigen Grad menschlicher Bildung verkörpern, der nicht der Beaufsichtigung durch Höhergestellte bedarf, sondern selbstverantwortlich ist; der sich zeitlebens fortbilden und ständig nach neuen verbesserten Wegen zur Hebung des Wohlbefindens seiner Mitmenschen suchen muß. Er übt nicht nur die tägliche Arbeit als Routine aus, sondern er muß, wie ein Künstler, Technik und Wissenschaft benutzen, um ein Idealbild — die Gesundheit — der Wirklichkeit immer näher zu bringen.

Es gibt keine internationale Standardisierung des ärztlichen Berufs. Eine solche wäre erwünscht, um einen ungehinderten Austausch zwischen Nationen zu ermöglichen, um für Einzelne die Grundlagen für eine Weiterbildung in anderen Ländern zu schaffen, um Minimalerfordernisse festzulegen, nach denen sich neu eröffnete Unterrichtsanstalten richten und an die sich bestehende Schulen angleichen können. Andererseits bleibt jede Ausübung des ärztlichen Berufs angepaßt an örtliche, untereinander oft sehr verschiedene Bedingungen. Als der Verfasser in einem Entwicklungsland ein Krankenhaus leitete, in dem zahlreiche Typhusfälle lagen, zeigte er diese wegen ihrer ungewöhnlichen Hauterscheinungen einem besuchenden Internisten aus einem skandinavischen Land, der den Nobelpreis verliehen bekommen hatte. Der Nobelpreisträger betrachtete die Kranken mit Interesse, gestand aber, nie in seinem Leben einen Typhusfall gesehen zu haben, denn diese Krankheit kommt in seiner Heimat kaum mehr vor. Daher ist ein in Europa oder Nordamerika ausgebildeter Arzt vielfach seinem erlernten Wissen und seinen Erfahrungen nach ungeeignet, ohne spezielle Vorbildung für diese Aufgaben im afrikanischen Urwald tätig zu sein. Mit seinen Grundkenntnissen und seiner ethischen Einstellung wird er sich freilich relativ leicht anpassen können. Aber das Studium der Eingeborenenärzte sollte wohl doch — wie das ja auch das Studium der Ärzte in der westlichen und in der östlichen Welt es tut — stets vor dem Hintergrund derjenigen Kultur und Zivilisation eingerichtet werden, in der der zukünftige Arzt arbeiten wird. Das nicht selten beobachtete menschliche Versagen von Ärzten aus Entwicklungsländern, die in Europa oder Nordamerika studiert hatten, ist ein erschreckender Beweis dafür, wie falsch eine unbedingte internationale Standardisierung des ärztlichen Studiums wäre. Fast jeder, der sich mit der Frage „Studium im Ausland oder im Inland" beschäftigt, ist heute der Meinung, daß die *Ausbildung* des ärztlichen Personals der Entwicklungsländer in diesen Ländern selbst stattfinden sollte und daß vorläufig nur noch die *Fortbildung* in industrialisierten Ländern unvermeidlich notwendig ist. Ärzte aus Entwicklungsländern sollten die wichtigsten Krankheitserscheinungen ihrer Länder vom Beginn ihres Studiums an sehen und die vordringlichsten medizinischen Probleme dieser Gebiete, beispielsweise auch Trinkwasserversorgung, Latrinenbau, Bekämpfung krankheitsübertragender Insekten, Massenkampagnen und Volksaufklärung („health education") tagtäglich vor Augen haben und sich ständig mit ihnen beschäftigen. Sie sollten außerdem den Kontakt mit den Wurzeln ihrer eigenen Kultur nicht verlieren, sondern, auf diesen aufbauend, ein neues Leitbild des Arztes ihrer Region hervorbringen, anstatt die unter ganz anderen Umständen gewachsene Zivilisation der industrialisierten Länder in ihre Heimat zu transplantieren.

Ärzte in Europa und Nordamerika dagegen sollten für Herz- und Alterskrankheiten, frühe Diagnostik des Krebses, Verhütung von Unfällen, Lärmbekämpfung und Reinhaltung der Luft schon während des Studiums besonders interessiert werden.

Wer sich diese Gedankengänge zu eigen macht, wird zu dem Schluß kommen, daß es zwar ein internationales Grundwissen gibt, das allen Medizinstudenten der Welt vermittelt werden muß, daß es aber daneben Regionalbedürfnisse gibt, die dem angehenden Arzt aus Afrika anders zu vermitteln sind als demjenigen aus Skandinavien, und umgekehrt. Es wird also, wenn diese Einsicht in die Tat umgesetzt werden wird, einen afrikanischen Arzt geben und einen europäischen und einen amerikanischen. Und diese Arzttypen werden sich eines Tages vielleicht in ihrem Wissen nicht weniger unterscheiden voneinander als ein Ohren- und ein Augenarzt dies tun, oder — da der Arzt eben nicht nur Wissenschaftler oder Techniker ist — als europäische und asiatische Kunst dies tun.

Wie nun steht es mit der gegenseitigen internationalen Anerkennung der Ärzte?

Heute wird als Arzt bezeichnet, wer in einem Land eine Universität oder Medizinschule, die von der betreffenden Staatsautorität anerkannt ist, besucht und die Erlaubnis erhalten hat, in einem bestimmten Gebiet medizinische Tätigkeit ohne technische Überwachung vollverantwortlich auszuüben. Die Erlaubnis, in einem anderen Gebiet tätig zu sein, erhält der Arzt von der Staatsautorität dieses anderen Gebietes; bei ihrer Gewährung spielen manchmal technische, manchmal politische Fragen mit. Bis vor nicht langer Zeit war ein Arzt, der in *einem* Staat der USA seine Ausbildung genossen hatte, nicht berechtigt, in einem *anderen* Staat derselben USA seine Praxis auszuüben. Wenn auch in Zukunft nationalpolitische Fragen immer weniger der gegenseitigen Anerkennung von Arztdiplomen entgegenstehen werden, so werden regionale Ausbildungs- und Erfahrungsunterschiede möglicherweise so groß werden, daß eine gegenseitige Anerkennung verschiedener Regionen nur durch zusätzliche Fortbildungskurse wird erfolgen können.

Akademisches Studium wird fast in allen Ländern nur solchen Anwärtern erlaubt, die die „Höhere Schule" (secondary education) mit

Bestehen der Abschlußprüfung absolviert haben. Die gesamte Schulzeit wird dabei mit einer Mindestzeit von zwölf Jahren angesetzt (in der Bundesrepublik Deutschland dreizehn Jahre). Der Inhalt des Lehrplans einer Höheren Schule ist sehr verschieden in den einzelnen Ländern der Welt.

„Er sollte dem Schüler einen solchen Grad von Wissen in menschenbezogenen Umwelterscheinungen und in Wissenschaften vermitteln, wie er nötig ist, um die Lebensäußerungen und ihre Beziehungen untereinander kritisch prüfen zu können. Solches Wissen sollte als Ausgangspunkt dienen können für eine höhere Ausbildung, bei der *eine* Gruppe von Phänomenen mit mehr Tiefe behandelt wird als andere Gruppen (35)." Trotz dieser Definitionen gibt es erhebliche Gradunterschiede in bezug auf die höhere Schulbildung und auf das akademische Studium. Diese Gradunterschiede können so groß sein, daß eine Vergleichbarkeit nicht mehr statthaft ist.

Die Dauer des ärztlichen Studiums sollte, nach genügender Vorbildung in den naturwissenschaftlichen und sozialen Fächern (Physik, Chemie, Mathematik, Zoologie, Botanik, allgemeine Biologie und Soziologie) mindestens vier Jahre betragen, zusätzlich mindestens eines praktischen Jahres („internship") (35). Die meisten industrialisierten Länder haben heute ein fünf- oder ein sechsjähriges Studium für die Medizin einschließlich der naturwissenschaftlichen Fächer eingerichtet.

„Doktor" darf sich nur jemand nennen, der einen akademischen Grad nach Abschluß seines akademischen Fachstudiums erworben hat (das populäre Wort „Doktor" an Stelle von Arzt ist zwar gebräuchlich, sollte aber nicht offiziell benutzt werden). Der Doktorgrad wird nicht vom Staat, sondern von der Universität verliehen.

Das „Mindest"-Studium sollte den angehenden Arzt befähigen, Krankheiten im Rahmen des heute Möglichen zu erkennen und zu heilen, Schäden zu vermeiden, Gefahren auf seinem Gebiet vorzubeugen und ganz allgemein die Gesundheit der ihm später anvertrauten Menschen zu heben. Das Studium soll auch klarmachen, daß ständige Weiterbildung unerläßlich ist, eine Idee, die schon Plato vertreten hat.

Diese Mindestforderungen legen eine untere Grenze fest, aber sie sollen nie und nirgends eine obere Grenze ziehen. Ärztliches Studium muß immer und überall die Möglichkeiten öffnen für einerseits die aktuellen praktischen Bedürfnisse des betreffenden Landes, andererseits Forschung und Lehre und schöpferische Gestaltung der Tätigkeit. In den meisten Entwicklungsländern stehen vorläufig die praktischen Bedürfnisse dominierend im Vordergrund. Die UdSSR tragen dem vielleicht am ehesten Rechnung, indem sie als Grundlage Allgemeinpraktiker, vor allem auch für die Tätigkeit auf dem Lande, ausbilden („therapeutists") und aus der Gruppe dieser Allgemeinpraktiker spezialisierte Kategorien zusätzlich heranbilden. Nicht unähnlich sind die Pläne, die für die Akademie für öffentlichen Gesundheitsdienst in Gondar, Äthiopien, vorgeschlagen sind. In Entwicklungsländern sind nicht nur die Gesundheitssituation und die ökonomischen Möglichkeiten meist grundsätzlich verschieden von denjenigen in den technisch entwickelten Ländern, sondern die Planung des Gesundheitsdienstes einschließlich der Ausbildung des Personals muß sich eben auch grundsätzlich diesen Verschiedenheiten anpassen und Wege finden, die mit denjenigen Europas und Nordamerikas nicht zu vergleichen sind. Der „Arzt", der in Entwicklungsländern arbeitet, muß zutiefst von seinen wichtigen präventiven Aufgaben überzeugt, „public health minded" sein — also interessiert sein für Epidemiologie, Statistik, Demographie, Hygiene, Ernährung, Impfungen, Mutter- und Kindfürsorge, Schulgesundheitsdienst, gesundheitliche Volksaufklärung —, er muß in Geburtshilfe, kleiner Chirurgie und Kinderheilkunde sicher arbeiten können, aber er braucht nicht mehr von Elektrokardiographie und Laparoskopie und Röntgen zu wissen, als nötig ist, um eventuell einmal Kranke zu beraten, daß sie zu Spezialuntersuchungen in die Hauptstadt oder ins Ausland fahren sollten. In diesem Sinne, und nur in diesem Sinne, sollten Ärzte in den meisten Entwicklungsländern ausgebildet werden.

Um die Ausbildung von vornherein möglichst selbstverantwortlich für den Medizinstudenten zu machen, dürfen Vorlesungen nicht wie Schulunterricht sein. Die Studenten müssen sich so früh wie möglich praktisch betätigen, teilnehmen nicht nur an der Arbeit in der künstlichen Umgebung von Krankenhaus und Laboratorium, sondern auch an sozialer Betreuung, Hausbesuchen, öffentlichen Aufgaben, einfachen, selbst durchzuführenden technischen Untersuchungen ohne Laboratorium, wie sie es in der Praxis später brauchen.

Das Gewicht, das den einzelnen klinischen Fächern gegeben wird, sollte sich nach ihrer örtlichen Bedeutung richten. In Entwicklungsländern, wo die Kindersterblichkeit hoch und die Seuchen endemisch sind, müssen Pädiatrie und Infektionskrankheiten mehr Raum im Studium einnehmen als in Ländern, wo es diese Gefahren kaum noch gibt. Eine vergleichende Übersicht über die Studienpläne einiger medizinischer Fakultäten bringt WHO Technical Report Series Nr. 239, 1962.

Der Verfasser hat während seiner siebenjährigen Lehrtätigkeit an einer Universität in einem Entwicklungsland miterlebt und mitbestimmt, wie wichtig für die Studenten neben den unabdingbar notwendigen Vorlesungen der tägliche verantwortliche Umgang mit Kranken ist. Sie mußten hier, unter Aufsicht von ausländischen Fachärzten, den Aufnahmebefund und die laufenden Krankengeschichten von zugewiesenen Patienten (wöchentlich vier bis sechs) schreiben, neben dem

Arzt alle Untersuchungen durchführen, einschließlich der Laboratoriumsuntersuchungen, eventuell an Operationen und an Eingriffen bei Geburtskomplikationen teilnehmen, Säuglingsnahrung zubereiten und Kinder füttern; in der Poliklinik, in der „kleinen Chirurgie", im Schulgesundheitsdienst und in Mütterberatungen arbeiten, sich an Impfkampagnen (teilweise mit tagelangen Maultierritten) und allgemeinen Ermittlungen des Ernährungszustandes der Bevölkerung beteiligen, nach Todesfällen eventuell bei der Autopsie assistieren und postmortem Untersuchungen vornehmen und über alle Erfahrungen laufend ihrem als Lehrer amtierenden Arzt kritisch berichten. Diese Art des Medizinstudiums scheint vor allem für Studenten in Entwicklungsländern sehr viel wirklichkeitsnäher als es beispielsweise das Studium in Deutschland ist. Inwieweit die „Bildung" der Gesamtpersönlichkeit dabei nicht vernachlässigt zu werden braucht, das hängt weitgehend vom akademischen Lehrer ab.

Statistik, als Wissenschaft von Ermittlung und Auswertung gesundheitlicher Befunde, überall und vor allem in Entwicklungsländern unabdingbar notwendig auf dem Gebiet der Seuchenbekämpfung und bei der Planung der Gesundheitspolitik, sollte ein immer wieder geübtes Fach während des ganzen Studiums sein.

Die Zahl der zum Studium zugelassenen Studenten sollte in Entwicklungsländern einem numerus clausus unterliegen, der sich dem Bedarf einerseits, den ökonomischen und personellen Möglichkeiten, die für ein Studium und für die spätere Verwendung des Personals vorliegen, andererseits anpaßt. Es ist sinnlos und unökonomisch, wenn Ärzte ausgebildet werden, die später berufsfremd arbeiten oder nebenbei im Bazar Geschäfte machen, weil sie von ihrer ärztlichen Tätigkeit nicht leben wollen oder können.

Die Auswahl der Studenten sollte durch die Universität getroffen werden auf Grund von Schulzeugnissen, Beurteilungen durch die Schullehrer, die die Anwärter jahrelang beobachten konnten, ein persönliches Interview (wenn die Zahl der Anwärter nicht zu groß ist) und möglichst durch eine klug ausgearbeitete schriftliche Aufnahmeprüfung. Die Zahl der Anwärter kann auch in einem Entwicklungsland sehr groß sein (wie beispielsweise in Ägypten), sie kann aber auch so klein sein, daß die mögliche Kapazität der Universität nicht ausgenutzt wird, wie beispielsweise in Äthiopien, wo im Jahre 1962 (ohne etwaige Nachzügler einzurechnen) 137 Abiturienten unter sechs der Universität zugehörigen „Colleges" aufzuteilen waren, deren jedes Raum für etwa 30 neue Studenten hatte.

Der Anwärter sollte, wo Schule und Studium vom Staat kostenlos gewährt werden, über sein späteres Arbeitsfeld, vor allem über seine

Verpflichtungen (Arbeit in ländlichen Bezirken, ethische Anforderungen) genau informiert werden und Garantien stellen für den Fall der Nichterfüllung seiner Verpflichtungen, möglichst auch zu späterer Rückzahlung seiner Studiengebühren aus seinem laufenden Gehalt verpflichtet werden.

Das medizinische Studium sollte möglichst überall im Rahmen einer Universität erfolgen. Die „universitas" gewährt den Lehrern sowohl wie den Studenten das Klima der Allgemeinbildung und des geistigen Austauschs. Die Universitätsbibliothek muß auf allen Gebieten die wichtigste Literatur bieten. Der Staat, selbst wenn er der hauptsächlichste Kostenträger ist, sollte der Universität größtmögliche Autonomie gewähren. Die Auswahl der Lehrer sollte der Universität bzw. Fakultät zustehen. Den jüngeren Kräften innerhalb der Universität sollte genügend Gewicht bei Beschlüssen zufallen, um zu verhindern, daß die Fakultäten überaltern. Die für den Unterricht notwendigen Krankenanstalten sollten technisch und verwaltungsmäßig der Universität unterstehen. — Dies alles klingt in Europa selbstverständlich, aber in Entwicklungsländern, besonders solchen mit Feudalsystemen, hat sich noch heute oft das gesamte Erziehungswesen nach den individuellen Gedanken des Staatslenkers oder anderer, aber ebenso autoritär regierender Personen zu richten. Wieder ein persönlich erlebtes Beispiel: die Universität der Hauptstadt hatte auf einen bestimmten Termin die Abschlußprüfung angesetzt; die Prüflinge arbeiteten außerhalb der Hauptstadt; ein höherer Angestellter im Gesundheitsministerium wollte nicht, daß die Prüfung stattfand, ohne daß er wesentlich eingeschaltet war; so veranlaßte er den Rundfunk der Hauptstadt zu verbreiten, daß kein Prüfling die Erlaubnis hatte, an dem betreffenden Tag in die Hauptstadt zu reisen. Auf diese Weise versuchte er, die Autonomie der Universität unwirksam zu machen.

Die akademischen Lehrer sollten immer Zeit für Forschung und Fortbildung haben. Die wissenschaftliche Neugierde ist die Triebfeder aller Entdeckungen. Gerade in der Medizin, die täglich Fortschritte macht, muß der Geist des Fragenstellens nicht nur Leitgedanke des Forschers sein, sondern auch den Studenten schon während ihrer Studienzeit vor Augen geführt werden. Es liegt in der Natur der Freiheit akademischen Lehrens, daß Unterschiede in den Lehrmethoden und in den Persönlichkeiten der Professoren nicht nur erlaubt, sondern erwünscht sind: da ist der beindruckende Pragmatiker, der unvergeßliche Kollegs hält mit einleuchtenden praktischen Beispielen und brillanter Diktion; da ist auf der anderen Seite der zurückhaltende, scheue Forscher, bei dessen Vortrag die Studenten konzentriert zuhören müssen, um ihn überhaupt akustisch verstehen zu können.

Eine laufende Beurteilung und Selbstkritik der Universität kann möglichen Sterilisierungstendenzen entgegenwirken. Nicht der Staat sollte derartige Beurteilungen vornehmen, sondern akademische Körperschaften eines anderen Landes, möglichst solche mit internationalen Erfahrungen.

Die Fragen der Examina der Studenten sind in den Ländern der Welt sehr verschieden gelöst worden, und da sie tief mit der Kultur des Landes zusammenhängen, sind einheitliche internationale Regelungen kaum denkbar. Das Endziel aller Fragen, nämlich welchen Wert das Produkt, in diesem Fall der zukünftige Arzt, haben wird, hat soviele Fazetten, daß eine Beantwortung aus dem *heutigen* internationalen Wissen noch nicht möglich ist.

Neben dem Beruf des Arztes gibt es eine große Zahl von

1. ergänzenden Heilberufen, z. B. Apotheker, Zahnärzte, Ernährungswissenschaftler, Veterinäre, außerhalb Deutschlands auch Sanitätsingenieure; sie alle haben ein akademisches Studium durchlaufen;

2. Pflegeberufen und Heilhilfsberufen, wie Krankenschwestern, Hebammen, Laboratoriumstechniker, Röntgenassistenten, Sprechstundenhilfen, Fleischbeschauer, Desinfektoren, Masseure, Krankengymnasten; sie sind im allgemeinen nicht akademisch ausgebildet (bei Schwestern besteht jetzt eine Tendenz, den Beruf für einige Anwärter zu einem akademischen zu machen);

3. Berufen, die

    a) kompensatorisch die ärztliche Tätigkeit auf bestimmten akademischen Spezialberufen ergänzen, wie Physiker, Chemiker, Biologen, Zoologen, Entomologen, Botaniker, Statistiker oder

    b) unterstützen, wie nicht akademisch vorgebildete Sekretäre, Verwaltungsbeamte.

Zusätzlich zu diesen „anerkannten" Berufen (im englischen: „ancillaries") gibt es Hilfsberufe („auxiliaries"), die nur unter Aufsicht professionellen Personals arbeiten dürfen. Bei dem in der ganzen Welt ständig zunehmendem Bedarf an medizinischem Personal steigt auch die Zahl der Hilfsberufe ständig. Aber auch hier ist wieder ein grundsätzlicher Unterschied zwischen den meisten Entwicklungsländern und den technisch entwickelten Ländern erkennbar: in letzteren arbeiten die Hilfskräfte unter Aufsicht, während sie in Entwicklungsländern oft ohne direkte Aufsicht, die meiste Zeit allein auf sich gestellt, arbeiten. So arbeiten beispielsweise in einem afrikanischen Land von den etwa 800 „dressers" (mit weit geringerer Ausbildung als eine Krankenschwester, im deutschen vergleichbar mit den Erste-Hilfe-Sanitätern), viele in ländlichen Sprechstunden, ohne über Jahre einen Arzt oder eine

Berufsschwester als Oberaufsicht zu sehen. Mit der Bezeichnung „Hilfsberuf" die regelmäßige Oberaufsicht als Prinzip zu verbinden, ist in solchen Entwicklungsländern irreal.

Die Ausbildung des ärztlichen Neben- und des Hilfspersonals ist in den verschiedenen Ländern der Welt noch unterschiedlicher geregelt als das ärztliche Studium. Weitere Hinweise darüber finden sich im Buch des Verfassers über „Probleme des Gesundheitsdienstes in Entwicklungsländern" (7) (Stuttgart 1963), sowie in zahlreichen Veröffentlichungen der Weltgesundheitsorganisation. Grundsätzlich kann gesagt werden, daß mit den heutigen Möglichkeiten der modernen Medizin auch ad hoc ausgebildetes Hilfspersonal auf dem Gebiet der präventiven und teilweise auch der kurativen Heilkunde mehr erreichen kann, als es sich ein Arzt vor 50 Jahren vorstellen konnte. In Entwicklungsländern sollte ärztlichem Hilfspersonal, das sich besonders bewährt hat, die Möglichkeit zum Aufstieg in vollberufliche Sparten als eine Ausnahme-Auszeichnung gewährt werden.

Die wichtigsten Vorteile des Hilfspersonals für die Gesundheitsdienste der Entwicklungsländer sind die folgenden:

1. Hilfspersonal bedarf nicht der langjährigen höheren Schulbildung; daher sind viele Bewerber vorhanden und die Auswahl hat mehr Spielraum;
2. die Ausbildung von Hilfspersonal dauert kurz und ist relativ billig; dadurch ist Hilfspersonal schnell verfügbar und seine Ausbildung ist finanziell besser tragbar;
3. Hilfspersonal ist bescheiden in seinen Ansprüchen in bezug auf Gehalt, Instrumentarium, Medikamente;
4. Hilfspersonal ist meistenteils bereit, auf dem Lande zu arbeiten, d. h. dort, wo die Hauptmasse der Bevölkerung lebt und wo es noch Seuchennester gibt; es wandert nicht ins Ausland ab;
5. Hilfspersonal ist meistenteils geneigt, in sich ergänzenden Gruppen („teams") zu arbeiten, die aus Hilfsarzt, Hilfsschwester, Sanitätshelfer u. a. bestehen;
6. bei Hilfspersonal ist die Gefahr geringer, daß Privatpraxis betrieben wird, — wobei vorausgesetzt wird, daß in Entwicklungsländern der Gesundheitsdienst verstaatlicht werden sollte.

Hindernd der Anerkennung aller dieser Vorteile im Wege stehen wahrscheinlich nur die Prestigebedürfnisse der Entwicklungsländer, die glauben, an internationaler Anerkennung einzubüßen, wenn sie ihre Gesundheitsdienste nicht mit standardisiertem „Berufspersonal" durchführen. Dagegen hat die Sowjetunion die vor 100 Jahren im zaristischen Rußland eingeführten „Feldshers" bis heute beibehalten; 1960 arbeiteten dort 334 700 neben 401 612 Ärzten (39).

B. Organisation der Untersuchungs- und Behandlungseinrichtungen

Wohl in allen Entwicklungsländern — wie wahrscheinlich ebenso in Industrieländern — ist es zweckmäßig, ein Gesundheitsministerium an die Verwaltungsspitze des Gesundheitsdienstes zu setzen. Nur ein solches kann dieser öffentlichen Aufgabe politisch das notwendige Gewicht geben. Der Mangel an Führungskräften und an technischem Personal bedingt in Entwicklungsländern mit rudimentärem Gesundheitsdienst (als Indikator könnte dienen: ein Arzt auf mehr als 10 000 Einwohner) außerdem weitgehend eine Zentralisation. Neben den eigentlichen Gesundheitsdiensten (Forschung, kurative Praxis, Krankenhäuser, präventive Aufgaben, ärztliche Sozialfürsorge, alle gesetzgeberischen Funktionen, Ausbildung von Neben- und Hilfspersonal, nicht aber akademisches Studium) sollten auch alle hygienischen Belange (Stadt- und Dorfhygiene, Kontrolle der krankheitsübertragenden Tiere) diesem Gesundheitsministerium unterstellt sein.

Die Frage der Organisation eines Gesundheitsdienstes kann als politische Frage angesehen werden. In den industrialisierten Ländern, in denen finanzielle Mittel, technische Einrichtungen und Personal einigermaßen ausreichend vorhanden sind, scheint es für die Volksgesundheit im Ganzen ziemlich (wenn auch wohl nicht ganz) gleichgültig zu sein, ob der Gesundheitsdienst verstaatlicht ist, durch soziale Krankenversicherungen gewährleistet wird oder wesentlich auf Privatpraxis beruht. Aber in Entwicklungsländern wird der politische Aspekt dieser Frage überschattet durch zwingende technische Notwendigkeiten. Wird in einem Land, wo *ein* Arzt auf 100 000 oder auch nur auf 10 000 Einwohner kommt, die Arzt-Praxis liberalisiert, dann sammeln sich alle Ärzte in der Hauptstadt und machen sich hier gegenseitig halsabschneiderische Konkurrenz. Eine materialistische Einstellung macht sich breit. Die ländlichen Gebiete, mit 80 bis 90 % der Bevölkerung, die meist zu arm ist, um einen Arzt zu bezahlen, bleiben ärztlich unversorgt. Hinzu kommt, daß diese Stadtärzte aus Prestigegründen und um der höheren Verdienstaussichten willen sich gern als Fachärzte, am liebsten Chirurgen, ausbilden lassen, und damit für die wichtigeren Präventivaufgaben in Entwicklungsländern, nämlich Seuchenbekämpfung, Mutter- und Kind-Fürsorge, Schulgesundheitsdienst und Volksaufklärung, verloren gehen. Dieses düstere Bild des Arzttums ist in vielen Entwicklungsländern kein Gespenst, sondern eine Tatsache. *Nur die*

Verstaatlichung des gesamten Gesundheitsdienstes und seine kostenfreie Verfügbarkeit für alle Einwohner und die Ausbildung geeigneter Kandidaten mit sorgfältigster Planung auf Grund der im Sinne der Vereinten Nationen anerkannten Grundsätze können hier zu einer zweckmäßigen Verwendung der kargen Mittel, zu einer gerechten Verteilung der Ärzte und Krankenhausbetten und aller technischen Einrichtungen auf Stadt und Land, auf Reich und Arm, auf sinnvolle Differenzierung (in Praktiker, Fachärzte, Forschung und Lehre), führen.

In der westlichen Welt wird man einwenden, daß eine solche Rationalisierung in der Planung den Boden für totalitäre Ideen bereiten mag. Dies braucht aber nicht zwangsläufig richtig zu sein. Der Verfasser glaubt nicht, daß die Zulassungsordnungen der deutschen sozialen Krankenversicherung, die eine gerechte geographische und fachliche Verteilung der Ärzte zum Ziel hatte, 1933 zum Totalitarismus beigetragen hat. Er hat bei seinem längeren Aufenthalt in England auch nicht den Eindruck gewonnen, daß der 1948 nationalisierte Gesundheitsdienst (übrigens im wesentlichen eine Planung der Konservativen Partei) totalitäre politische Tendenzen weckte. Er glaubt *im Gegenteil, daß das Unrecht, welches ein Staat durch Liberalisierung des Gesundheitsdienstes in einem Entwicklungsland mit seinen unabwendbaren Folgen grober sozialer Ungerechtigkeit billigt, eher zu revolutionären Ausbrüchen mit folgenden totalitären Konsequenzen führen kann, als eine rechtzeitige von Staats wegen erfolgende demokratische Anerkennung des menschlichen Grundrechts auf Gesundheit für alle Einwohner.*

Wer einwirft, daß eine solche Verstaatlichung die individuelle Entfaltungsfreiheit des Arzttums und das intime Arzt-Patient-Verhältnis beeinträchtigt, denke daran, daß die in Deutschland ganz natürliche Situation des im Krankenhaus angestellten Arztes, dem im allgemeinen wohl niemand nachsagt, daß er nicht mit dem nötigen Enthusiasmus seinen Beruf ausübt, wahrscheinlich in allen Entwicklungsländern auf die gesamte Ärzteschaft ausgedehnt werden kann. Je eher die Regierung eines Entwicklungslandes sich zu einer solchen Organisationsform des Gesundheitsdienstes entschließt, desto weniger wird sie mit dem Widerstand der örtlichen Ärzteschaft zu kämpfen haben. Eine solche Verstaatlichung ist besonders dort gerechtfertigt, wo das Studium des einzelnen Arztes ganz oder großenteils vom Staat oder von öffentlichen Stiftungen getragen wird. Die Ärzteschaft selbst mag großenteils gegen die Verstaatlichung sein aus Motiven, die nicht immer der Ethik des Berufs entsprechen. Die herkömmliche Tradition, in der der Arzt zur „freien" Berufsklasse gehörte, verliert ihre Berechtigung da, wo das demokratische Recht der Bevölkerung auf einen angemessenen Gesundheitsdienst auf dem Spiel steht. Der Mut, staatlich bezahlter Arzt „im Feld" zu sein, alleinstehend, in wenig abwechslungsreicher Umgebung, mit entmutigenden Problemen kämpfend, vielleicht sogar unter Gefahren arbeitend, — dieser Mut wird letztlich den *besseren* Arzt, auch in Entwicklungsländern, hervorbringen.

C. Vorbeugungsmaßnahmen

Alle Behandlungsmaßnahmen für den individuellen Kranken müssen aus diesem Buch ausgeschlossen bleiben, weil sie das Reservat von Fachbüchern sind, die es in genügender Zahl gibt. Auf einige Vorbeugungsmaßnahmen soll jedoch hingewiesen werden, teils wegen ihrer besonderen Wichtigkeit in Entwicklungsländern, teils auch, weil es kein spezielles Lehrbuch über „Public Health", den „Öffentlichen Gesundheitsdienst" in Entwicklungsländern gibt. Alle Bücher über dieses Thema, zahlreich und vielfach ausgezeichnet vor allem in der englischsprachigen Literatur, beziehen sich auf industrialisierte Länder.

Die Ausrottung der Malaria würde nach Schätzungen der Weltgesundheitsorganisation 1 700 000 000 US-Dollar kosten (weniger als ein Fünfzigstel der Rüstungsausgaben der Welt in den letzten Jahren) und in zahlreichen nichtafrikanischen Ländern vielleicht in zehn Jahren zum Erfolg führen, wenn diese Summe tatsächlich eingesetzt werden könnte. Die Ausrottung ist theoretisch möglich, wenn es gelingt, die übertragenden Mücken durch Insektizide abzutöten und dazu die notwendigen Medikamente für Prophylaxe und Krankenbehandlung zu verteilen. Die Insektizide werden auf das Innere der Haus- und Hüttenwände gespritzt, wenn es sich um Mückenarten handelt, die sich im Innern der Häuser aufzuhalten pflegen. Wenn die Mücken in Büschen und Wäldern außerhalb der Häuser ihren gewohnten Aufenthalt haben, ist die Bekämpfung schwieriger; Vernebeln mit Insektiziden oder durch Zerstörung der Brutplätze (Austrocknen der Sümpfe, Abfließenlassen stehender Gewässer mit schnellerer Geschwindigkeit, als die Mückenlarven sich entwickeln können, Ölfilme auf der Wasseroberfläche, um die Mückenlarven zu ersticken, Einsetzen von Fischarten, die sich von den Mückenlarven ernähren) sind erfolgreiche Methoden. Zusätzlich zur Bekämpfung der Mücken kann individuelle Behandlung aller Kranken das Reservoir, das kranke Menschen bilden, sanieren. Außerdem kann permanente medikamentöse Prophylaxe aller Gesunden (beispielsweise durch gesetzlichen Zusatz von Chloroquin zum Tafelsalz, wo dieses kontrolliert werden kann), die Übertragungskette von Mensch zu Mensch unterbrechen.

Die Bekämpfung der Mücken durch Insektizide ist ein Wettlauf mit der Zeit, da viele Mückenarten resistent werden, d. h. es züchten sich aus den überlebenden Mücken Nachkommen, die nicht mehr durch Insektizide getötet werden.

Dieser Prozeß dauert einige Jahre, innerhalb derer die Malaria in einem Gebiet ausgerottet sein muß, da sonst der Übertragungsprozeß der Krankheit mit den zur Zeit bekannten Insektiziden nicht mehr angreifbar ist. Die Kosten für die Malariaausrottung betragen etwa DM 1,— pro Jahr und Einwohner (36).

Außer der Malaria gibt es noch andere Infektionskrankheiten, die durch lebende tierische Zwischenträger übertragen werden wie:

Tabelle 5

Krankheiten mit tierischen Zwischenträgern

Krankheit	Hauptsächlichster oder ausschließlicher Zwischenträger
Bartonellose	Sandfliegen (Phlebotomus)
Mittelmeerfieber (Fièvre Boutonneuse)	Zecken
Cholera	gelegentlich Fliegen
Denguefieber	Mücken (Aêdesgruppe)
Amoebenruhr	gelegentlich Fliegen
Bazillenruhr	gelegentlich Fliegen
Echinokokken	meist Hunde, gelegentlich Fliegen
Virus-Enzephalitis	Mücken, in UdSSR Zecken
Filariose	Mücken
Kala-Azar, Leishmaniose	Sandfliegen (Phlebotomus)
Onchocerkiase	Fliegen (Simulium)
Typhus, Paratyphus	gelegentlich Fliegen
Pappataci-Fieber	Sandfliegen (Phlebotomus pappataci)
Pest	Flöhe (von kranken Ratten)
Psittakose (Papageienkrankheit)	Vögel (Papageien, Sittiche)
Tollwut	Hunde, Fledermäuse, selten andere Tiere
Rattenbißkrankheit	Ratten (gelegentlich indirekt Milch)
Rückfallfieber	Läuse, — andere Form: Zecken
Rickettsialpox	Mäusemilbe (Allodermanyssus sanguineus)
Rocky Mountain Fleckfieber	Zecken
Schistosomiasis	Wasser-Schnecken
Trachom	oft Fliegen (auch beschmutzte Gegenstände)
Schlafkrankheit	Fliegen (vier Glossina-Arten)
Tularämie	Hasen, Fliegen, zahlreiche Wildtiere, auch Katzen, Hunde
Fleckfieber	Läuse
Frambösie	gelegentlich Fliegen
Gelbfieber	Mücken (meist Aêdes)

Aus dieser Zusammenstellung ist ersichtlich, wie wichtig die *Bekämpfung von Mücken, Sandfliegen und Fliegen, Läusen und anderem Ungeziefer* ist. Fliegenbekämpfung ist theoretisch möglich, indem ihnen keine Brutplätze geboten werden (hygienische Abfallbeseitigung, Schutz der menschlichen Nahrungsmittel), und indem die Fliegen durch Insektizide oder mit der Fliegenklatsche getötet werden. Nach Berichten aus dem kommunistischen China ist der Erfolg dieser einfachen Methoden groß. In asiatischen und auch in einigen Ländern östlichen Christentums ist das Töten von Tieren (einschließlich Ungeziefer) durch die Religion verhindert.

Bei *persönlicher Sauberkeit* des Menschen und Trennung von Haustieren können Flöhe, Läuse und Milben sich nicht entwickeln. Abgesehen von ästhetischen Faktoren ist also die Reinlichkeit wichtig für die Vorbeugung gegen zahlreiche Krankheiten.

Gegen die Verbreitung der Tollwut ist die *Kontrolle der Hunde*, d. h. Quarantäne bei Verdachtsfällen, Töten wildernder Hunde oder Schutz von Haushunden durch Impfung, eine Vorbeugungsmaßnahme. Wo die Tollwut durch Fledermäuse und Wildtiere übertragen wird, ist die Kontrolle fast unmöglich. Hier ist ein wichtiger Faktor die Aufklärung der Bevölkerung über Schutzmaßnahmen für Menschen, die mit tollwutverdächtigen Tieren in Kontakt gekommen sind, wie schnellstes Impfen nach einer Bißverletzung oder mindestens sofortige gründliche Reinigung der Bißstelle.

Gegen die Psittakose schützt die Vermeidung des Umgangs mit anfälligen Vögeln.

Gegen die Schistosomiasis schützt das Meiden infizierten frischen Wassers zum Waschen und Baden.

Durch unbelebte oder pflanzliche Zwischenträger (Wasser, Erde, Pflanzen) werden übertragen:

Tabelle 6

Krankheiten übertragen durch unbelebte und pflanzliche Zwischenträger

Krankheit	*Hauptsächlicher Zwischenträger*
Aktinomykose	Gras, vielleicht Tiere
Ankylostomen	Gras, Erde (beherbergen Larven)
Anthrax	Häute, Wolle, Haare, und deren Produkte
Askariden	Gegenstände aller Art
Bruzellosen	Milch, Milchprodukte (auch Haustiere direkt)
Windpocken	Staub, Gegenstände, aus nächster Entfernung vom Kranken oder kurzfristig nach Kontamination

Krankheit	Hauptsächlicher Zwischenträger
Cholera	Wasser, Gegenstände (auch Fliegen)
Coccidiomykose	Erde, Staub, Pflanzen
Influenza	Luft, Eßbestecke, Taschentücher
Diphtherie	Milch, Gegenstände (direkt v. Mensch zu Mensch)
Amoebenruhr	Gegenstände, Nahrungsmittel (auch Fliegen)
Bazillenruhr	Gegenstände, Nahrungsmittel (auch Fliegen)
Echinokokken	gelegentl. Erde (meist Hunde, auch Fliegen)
Infektiöse Gelbsucht	Milch, Wasser, Nahrungsmittel, Blutinjektionen
Serum-Hepatitis	Blutinjektionen
Leptospirose	oft Wasser
Masern	Gegenstände, Luft (kurzfristig)
Meningokokkenmeningitis	Gegenstände (kurzfristig)
Mumps	Gegenstände (kurzfristig)
Typhus, Paratyphus	Milch, Wasser, Nahrungsmittel (auch Fliegen)
Pemphigus der Neugeborenen	Gegenstände
Keuchhusten	Luft, Gegenstände (kurzfristig)
Lungenentzündung	Luft, Gegenstände (kurzfristig)
Poliomyelitis	Wasser, gelegentlich Milch
Taenien	Fleisch
Tetanus	Erde, Mist
Trichinose	Fleisch
Tuberkulose	Luft, Milch
Q-Fieber	Milch u. a.
Röteln	Gegenstände (kurzfristig)
Salmonella-Diarrhöen	Eier, Nahrungsmittel
Scharlach	Gegenstände, Milch
Pocken	Gegenstände (kurzfristig)

Die erste Regel der allgemeinen Hygiene lautet daher: *keine menschlichen oder tierischen Exkremente (Stuhl, Urin) in menschliche Nahrung gelangen zu lassen.* Dieses Problem kann an seinen beiden Enden angegriffen werden: durch den Bau von Latrinen, in denen die Exkremente abgefangen und isoliert werden, und durch Reinhaltung von Wasser und Nahrungsmitteln. Letzteres ist ein komplizierter und kostspieliger Vorgang. In den USA kosten die sanitären Maßnahmen ungefähr 240 DM pro Kopf der Bevölkerung pro Jahr; das ist fast doppelt so viel wie das gesamte Volkseinkommen in manchen unterentwickelten Ländern. Die Theorie der sanitären Methoden ist bekannt, aber ihre Anwendung in Entwicklungsländern ist aus finanziellen

Gründen und wegen der Schwierigkeit bei der Aufklärung der Bevölkerung erschwert oder auf lange Zeit unmöglich und sie muß von Land zu Land adaptiert werden.

Wichtig ist bei den nicht durch Nahrungsmittel übertragenen Krankheiten dieser Gruppe die Desinfektion aller Gegenstände, mit denen Kranke in Berührung gekommen sind.

Direkter Übertragung von Mensch zu Mensch unterliegen:
(in Klammern, wo auch indirekte Übertragung vorkommt)

Weicher Schanker, (Windpocken), epidemische Neugeborenen-Diarrhö, (Diphtherie), Enterobiase [Fadenwurm], Favus [Haarflechte], Gonorrhö, Granuloma inguinale, Impetigo, Lepra, Lymphogranuloma venerum, (Masern), (Meningokokkenmeningitis), (Mumps), (Pemphigus der Neugeborenen), (Keuchhusten), (Pest), (Lungenentzündung), (Poliomyelitis), Ringwurm [Hautkrankheit durch Pilze hervorgerufen], (Röteln), Krätze, (Pocken), Syphilis, Trachom [Ägyptische Augenkrankheit], (Tuberkulose), Frambösie, [Yaws], (Scharlach).

Gegen diese Krankheiten schützt die *Isolierung des Patienten* bis zu seiner völligen Gesundung. Diese ist nicht immer durchführbar. Beispielsweise bei den Geschlechtskrankheiten (Syphilis, Gonorrhö) stößt auch in den industrialisierten Ländern die Absperrung der Kranken vom Kontakt mit Gesunden auf Schwierigkeiten. In Entwicklungsländern sind solche Isolierungsmaßnahmen noch viel seltener möglich.

D. Impfungen

Viele Infektionskrankheiten erzeugen Immunität, d. h., wer die Krankheit überstanden hat ist gegen Neuinfektion unempfänglich durch die Bildung von Immunstoffen. Die moderne Medizin macht sich diese Erscheinung zunutze, indem sie abgeschwächte Krankheitsformen künstlich implantiert oder die Toxine (Giftstoffe) der Krankheitserreger mehrmals einspritzt. Als *passive* Immunisierung bezeichnet man das Einspritzen von Immunstoffen (beispielsweise Diphterie-Anti-Serum, Tetanus-Anti-Serum), wobei der Schutz nur kurzfristig ist. Die künstlich erzeugte *aktive* Immunität, bei der der Körper des Geimpften die Immunstoffe selbst erzeugt, hält viel länger vor als die passive Immunität, aber meist nicht so lange, wie die durch das Überstehen der „richtigen" Krankheit zustandegekommene Immunität. Aber immerhin können durch künstliche Immunität Individuen für Jahre vor Krankheiten wie Gelbfieber, Pocken, Diphtherie, Poliomyelitis, Tularämie, Zeckenzephalitis, Bruzellose, Tetanus, Keuchhusten, Masern und, weniger effektiv oder anhaltend, Typhus, Fleckfieber, Cholera, Tuberkulose, Milzbrand, Pest, Leptospirose, geschützt werden.

In Entwicklungsländern richtet sich die gesundheitspolitische Entscheidung, ob Massenimpfungen gegen eine bestimmte Erkrankung durchgeführt werden sollen oder nicht, nach der Verbreitung der Krankheit, nach ihrer Gefährlichkeit, nach ihrer internationalen Bedeutung, vor allem aber auch nach den Kosten der Impfung und ihrer praktischen Durchführbarkeit.

Wenn ein bestimmter Mindestprozentsatz der Gesamtbevölkerung geimpft wird, sterben diejenigen Infektionskrankheiten aus, die nur im Menschen vorkommen, weil die Erreger keine Brutstätten mehr finden.

E. Individualbehandlung und -vorbeugung als Maßnahme des Öffentlichen Gesundheitsdienstes

Neben den erwähnten hygienischen Maßnahmen, neben der Isolierung der Kranken, neben der Bekämpfung krankheitsübertragender Insekten und neben Impfungen, können manche Krankheiten auch dadurch an ihrer Verbreitung gehindert werden, daß die Kranken intensiv behandelt werden. Hier ist die kurative Einzelbehandlung zugleich eine Maßnahme des öffentlichen Gesundheitsdienstes.

So kann bei der Frambösie eine einzige Penizillineinspritzung (1 200 000 internationale Einheiten), allen Kranken verabreicht, die Krankheit ausrotten, wenn für eine gewisse Zeit periodische Nachuntersuchungen erfolgen, um anfänglich übersehene Fälle und Neuansteckungen der Behandlung zuzuführen. Bei anderen endemischen syphilitischen Krankheiten, wie Bejel und Pinta, sind durch ähnliche Maßnahmen die Erfolge vielversprechend.

Bei der Schlafkrankheit schützt eine Einspritzung von Pentamidin oder Suramin-Sodium zwei Monate vor Infektion. Auch bei Lepra, Syphilis, Gonorrhö und Malaria ist die individuelle Behandlung gleichzeitig als Schutz der Gesunden, also als Präventivmaßnahme des öffentlichen Gesundheitsdienstes, anzusehen.

Hier gleitet der präventive öffentliche Gesundheitsdienst über in den kurativen Sektor des Gesundheitsdienstes. Präventive und kurative Maßnahmen sind die beiden Flügel einer Phalanx im Kampf um die Volksgesundheit. Sie sollten nicht voneinander getrennt werden, wie dies bedauerlicherweise in der westlichen Welt weitgehend geschehen ist. In dieser westlichen Welt sind die präventiven Maßnahmen Domäne und Pflicht des Staates geworden, während die kurative Medizin außerhalb der Krankenhäuser meist von frei praktizierenden Ärzten ausgeübt wird, die für präventive Maßnahmen nicht sehr aufgeschlossen zu sein pflegen. In den Ostblockstaaten sind kurative und präventive Medizin durch die Verstaatlichung des gesamten Gesundheitsdienstes eng gekoppelt. Die Dischotomie der westlichen Welt sollte in Entwicklungsländern unter allen Umständen vermieden werden. Sie würde sich besonders unheilvoll auswirken, weil die Majorität der hier vorkommenden Krankheiten verhütbar ist, so daß das Schwergewicht der benötigten Dienste präventiver Natur ist, die andere, weitgespanntere Methoden verlangt, und die, wenn überhaupt, nur mit Hilfe staatlicher Autorität angewandt werden können.

F. Die Volksaufklärung

Die Aufklärung der Bevölkerung in gesundheitlichen Fragen ist in Entwicklungsländern eine entscheidende Notwendigkeit, um den Fatalismus zu überwinden, den Gesundheitswillen zu wecken, gesundheitsgefährdende Traditionen und einheimische Zaubermedizin auszuschalten und den Wunsch nach Sauberkeit, allgemeiner Hygiene, Impfungen, Isolierung der Kranken durch Wissen zu fundamentieren. Aber eine Aufklärung ist schwierig, wo die Majorität der Menschen nicht lesen und schreiben kann, nicht organisiert ist, nicht geschult ist, logisch oder gar abstrakt zu denken, keine Filme sieht, an Propaganda durch Plakate nicht gewöhnt ist, sondern nur, und vor allem in feudalistischen Staaten, darauf sieht, Anweisungen von oben her zu erhalten und diese nur unter direkter physischer Überwachung durchzuführen gewöhnt ist, ohne eigene Initiative aufzubringen. In einigen Ländern der westlichen Welt ist der eigenberufliche Volksaufklärer („health educator") geschaffen worden, der die Methodologie der Volksaufklärung unterrichten und Ärzten und Schwestern beibringen soll, — nach Ansicht des Verfassers eine unglückliche Neubildung, da ihm die grundlegenden medizinischen Kenntnisse fehlen, um zu Ärzten und Schwestern über „Gesundheit" oder „Krankheit" oder mögliche Verhütungsmaßnahmen zu sprechen und er über Lehrmethoden allein, getrennt vom Unterrichtsthema, kaum viel aussagen kann. Er ist weder Pädagoge noch gehört er zum medizinischen Personal. Beides sind aber wichtige Voraussetzungen für Gesundheitsaufklärung. Im Entwicklungsland ist er ökonomisch gesehen ein Luxus, der besser durch aufgeweckte, für Gesundheitswesen interessierte Lehrer ersetzt werden würde, die von Ärzten mit der Gesundheitsproblematik und Hygiene vertraut gemacht worden sind. In Kontinental-Europa, in den Ostblockstaaten und in einigen Entwicklungsländern pflegt ausschließlich das ärztliche Personal und Hilfspersonal Volksaufklärung für das Gesundheitswesen zu betreiben. Die Methodologie wird hier von Ärzten oder Schwestern gelehrt, die besonderes pädagogisches und künstlerisches Talent und Neigung dafür besitzen und sich auf diesem Gebiet mehr oder weniger spezialisiert haben; viel Anschauungsmaterial wird den Schülern zur Verfügung gestellt.

Der günstigste Rahmen für die Volksaufklärung ist wohl die Mutter- und Kind-Fürsorge einschließlich des Schulgesundheitsdienstes. Sie wendet sich an die Majorität der Bevölkerung (40 bis 50 vH Kinder bis 14 Jahren, 20 vH Mütter, die Kinder haben), an einen Bevölkerungsausschnitt, der besonders lernbegierig ist, nämlich an die Mütter, die sich um ihre Kinder mehr verantwortlich kümmern als Erwachsene das um sich selbst zu tun pflegen, und an die junge Generation, der die Zukunft gehört. Zweckmäßige Nahrung, persönliche Sauberkeit, allgemeine Hygiene, Impfungen, alle diese Säulen der präventiven Medizin, stehen im Gebäude der Mutter- und Kind-Fürsorge und im Schulgesundheitsdienst.

Oft wird im Bereich der präventiven Medizin die Frage gestellt: polizeiliche Zwangsmaßnahmen oder freiwillige Entscheidung der Bevölkerung, beispielsweise bei Impfungen, Latrinenbau, Hauskonstruktionen? Es ist kein Zweifel, daß Zwangsmaßnahmen schneller und mit mehr Streuung wirken als freiwillige Beteiligung der Bevölkerung. Auch beeinträchtigen Zwangsmaßnahmen nicht unbedingt das Gefühl demokratischer Freiheiten, wie aus dem Beispiel der zwangsweisen Jodierung des Tafelsalzes zur Vorbeugung gegen Kropf in der Schweiz zu ersehen ist. Aber gerade die Entwicklungsländer, bei deren Bevölkerung die freiwillige Mitarbeit wegen des Mangels an Aufklärung kaum zu erwarten ist, geben sich merkwürdigerweise ungern das Odium der gesundheitlichen Zwangsmaßnahmen, selbst da, wo die Regierung eine reine Diktatur ist. Sie zeigen auf diesem Gebiet der Außenwelt gern das Bild westlicher Liberalität.

Wahrscheinlich ist ein Kompromiß zwischen Zwang und Aufklärung die günstigste Lösung: im Anfang, und wo es im öffentlichen Interesse unabdingbar ist, mehr Zwang; später, und mit zunehmender Aufklärung und Selbstbeteiligung der Bevölkerung, kann Nachlassen des Zwanges erwogen werden, wenn der gewünschte Erfolg tatsächlich ohne Zwang zustande kommt.

Der Wille der Bevölkerung zur Gesundheit ist die fundamentale Vorbedingung jeder Besserung von Gesundheitsdienst und Gesundheit. Ohne ihn werden die notwendigen finanziellen Beiträge für einen Gesundheitsdienst nicht aufgebracht, werden keine vorbeugenden Maßnahmen gutgeheißen, wird nicht einmal individuelle Behandlung gesucht werden. Der Gesundheitswille ist keineswegs immer etwas Natürliches. In Äthiopien gibt es die Legende von dem Kaisersohn, der Gott bat, ihm eine Krankheit zu schicken, um nicht gezwungen zu

F. Die Volksaufklärung

sein, ein Gelübde zu brechen. Er bekam die Lepra und wanderte als Bettler, von Almosen lebend, durch das Land. In diesem Land leben noch heute an die 100 000 christliche Eremiten, die Krankheiten mehr als Fügung Gottes denn als behandlungswürdiges Übel ansehen.

Das „Krank-Feiern" in den technisch hochentwickelten Ländern entspringt anderen Motiven, aber ist ebenfalls gewiß nicht eine Erscheinungsform des Gesundheitswillens.

Es ist für Gesundheitspolitiker nicht leicht, den Gesundheitswillen einer Bevölkerung zwischen der Scylla der fatalistischen Gleichgültigkeit, die auf mangelnder Aufklärung beruht, und der Charybdis der Ausnutzung von Wohlfahrtseinrichtungen, die eine Folge zu weitgehender sozialer Tendenzen sind, hindurchzusteuern. Die Sirenengesänge des Wohlfahrtsstaates haben die gleiche narkotisierende Wirkung auf den Gesundheitswillen wie die hoffnungslose Leere der Armut und Unwissenheit und des Fatalismus.

Zusammenfassend läßt sich sagen, daß heute die Methoden der Bekämpfung der hauptsächlichsten Krankheiten in Entwicklungsländern in einem Ausmaß bekannt sind, die theoretisch genügten, um alle diese Krankheiten auszurotten. Das Problem unserer Zeit ist nicht so sehr, hier neue Erkenntnisse zu finden, als bereits bekannte Methoden in Anwendung zu bringen, d. h. geistig und psychologisch die Bereitschaft zu ihrer Anwendung zu erzeugen und materiell und personell ihre Anwendung in die Tat umzusetzen. Hier kann die Arbeit der Entwicklungsförderung einsetzen. Der gleiche Geist aber, der Entwicklungshilfe in Bewegung setzt, sollte, wie schon mehrfach erwähnt, in den technisch hochentwickelten Ländern nach Wegen suchen, die Schäden der technischen Zivilisation zu verringern und diese jedenfalls in Entwicklungsländern nicht zusammen mit der Entwicklungsförderung einzuführen.

Vierter Teil

Möglichkeiten der Entwicklungsförderung auf dem Gesundheitssektor

A. Allgemeine Grundlagen zur Entwicklungsförderung

1. Begriffsbestimmungen

Entwicklungsförderung ist eine politische Maßnahme der Entwicklungsländer selbst oder eine Gemeinschaftsaufgabe von Spender- und Nehmerländern oder internationalen Organisationen; Entwicklungshilfe für technisch unterentwickelte Gebiete ist eine Maßnahme der industrialisierten Gebiete oder von Organisationen im Einvernehmen mit den Regierungen. Heute sind jedoch viele Maßnahmen der Entwicklungshilfe nichts anderes als Unterstützungen für arme Länder, die anderenfalls ökonomisch zusammenbrechen würden. Ob Maßnahmen der Entwicklungshilfe tatsächlich zur „Entwicklungsförderung" werden, das hängt mit der Frage zusammen, was heute als „Entwicklung" angesehen wird und welche Aussichten diese hat, und mit der Frage, ob es überhaupt überall möglich ist, planmäßig und absichtlich zu „entwickeln".

2. Gründe für die „Unterentwicklung"

Als erstes erhebt sich daher die Frage: wieso die asiatischen (mit Ausnahme von Israel und Japan), afrikanischen (mit Ausnahme der Südafrikanischen Union) und lateinamerikanischen Länder „unterentwickelt" sind, das heißt am wirtschaftlichen, technischen und sozialen Fortschritt Europas und Nordamerikas nicht aktiv teilgenommen haben. Wahrscheinlich ist die Frage falsch gestellt. Sie sollte lauten: wodurch ist jene merkwürdige Erscheinung zu erklären, daß sich Europa in den letzten Jahrhunderten der naturwissenschaftlichen und rationalen Denkweise und der Technisierung mit ihrem Erfindungs- und Entdeckungstrieb zugewandt und dadurch einen ungeahnten wirtschaftlichen Aufschwung erlebt hat?

Als Antwort muß man annehmen, daß das Klima Europas mit seinem harten Wechsel von sommerlicher, fruchtbarer Wärme und winterlicher, steriler Kälte in jahrtausendlanger Selektion einen Menschentyp geschaffen hat, der prometheisch vorausdenken mußte, der erfindungsreich, rational, planend wurde, der an den langen Winterabenden zum Basteln kam, dessen individuelle schöpferischen Kräfte höchste Bewertung erfuhren, weil sie Fortschritt verhießen und nur aus solchem Fortschritt das Überleben möglich erschien; Menschen, die vom gegebenen Raum und von gegebener Zeit und nicht von magischen Normen ausgehen mußten, um durchzukommen.

Meister wurde in Europa daher der kreative Mensch, der neue Formulierungen fand, während im Orient als Meister auch heute noch oft derjenige gilt, der meisterliche Kopien anfertigen kann. Dadurch konnten in Europa Länder ohne alle Naturschätze, wie beispielsweise die Schweiz, höchsten Lebensstandard erreichen, während in Entwicklungsländern vorläufig die Naturschätze und ihre Absetzbarkeit die nahezu einzige Möglichkeit sind, sich die technische Zivilisation zu „kaufen". In Europa wurden Menschen führend, die puritanisch bescheiden waren, um für ihre Nachkommen bessere Lebensaussichten vorzubereiten. Auf europäischem Boden erwuchs daher auch jener „asketische Protestantismus" (Max Weber), der seinerseits die aktive Lebensbewältigung durch seine religiöse Strahlungskraft verstärkte. Die puritanische Ablehnung jedes Luxuskonsums, die rationale Lebensführung und ein hohes Staatsethos unterhöhlten den Feudalismus, die Produktionsergebnisse wurden nicht für leibliche Genüsse und für Prestigebedürfnisse ausgegeben, sondern in neue Produktionsmittel investiert. Auf diese Weise wurde die Industrialisierung finanziert. Japan hat in der zweiten Hälfte des 19. Jahrhunderts eine ähnliche geistige Haltung eingenommen, vielleicht, außer durch sein Klima, bedingt durch die insulare Lage in Verbindung mit dem Bevölkerungsdruck und durch Staatsmänner und Feudalherren, die die Entwicklungsweichen rechtzeitig richtig gestellt haben.

In Europa wurden die Weichen für diese Lebenshaltung schon in der griechischen Polis, im römischen Reich und später, nach Überwindung des Zwischenspiels der mittelalterlichen Irrationalität, in der Renaissance gestellt. Diese Richtung fand ihren Ausdruck und ihre Meilensteine im „ora et labora" des Heiligen Benediktus, als er im Jahre 529 Monte Cassino gründete, und in der christlichen Entscheidung des sechsten Jahrhunderts, daß es keine Wiedergeburt, sondern ein als Resultat eines einmaligen irdischen Verhaltens ewiges Leben in der Seligkeit oder in der Hölle gäbe. Das bedeutete also, daß die christlichen Europäer in die siebzig Jahre ihres Erdendaseins alle Möglichkeiten, die die Erde bietet und verlangt, hineinpressen und darüber Rechenschaft ablegen mußten. So betrachtet, dürfte diese einzigartige Situation Europas (und später Nordamerikas) für die Länder Asiens und Afrikas unwiederholbar sein und die Grundlagen der „technischen Entwicklung" können wahrscheinlich nicht übertragbar werden. Der Zustand der heutigen Entwicklungsländer wäre dann ein Normalzustand der Menschheit mit einem im allgemeinen befriedigenden Wohlbefinden; die Entwicklung Europas und Nordamerikas müßte als spezialisierte Selektion mit vorherrschendem Rationalismus angesehen werden, die die Harmonie des Menschenbildes verschiebt und jetzt in ein Stadium getreten ist, in der sie die Welt zerstören kann, wenn nicht ein neues Wohlbefinden den Selbsterhaltungstrieb stärkt.

Aus dem gegenwärtigen Zusammenprall der euro-amerikanischen Zivilisation einerseits und der Kulturen Afrikas und Asiens andererseits kann etwas Anderes, etwas Neuartiges entstehen, das die Menschheit einer gehobenen Harmonie entgegenführt. Die heutige „Entwicklungshilfe" mag als das Symptom für einen solchen Zusammenprall betrachtet werden. Dabei werden wahrscheinlich die jetzt schon industrialisierten Länder zunächst immer schneller ihren wirtschaftlichen Standard erhöhen und der ökonomische Abstand zu den Entwicklungsländern wird immer größer werden.

Aber vielleicht wird es in diesem Wettlauf eines Tages ein Halten geben, das heißt, eines Tages mag ein Zustand erreicht werden, bei dem eine „technische Sättigung" eintritt, ein Interferenzpunkt zwischen befriedigendem Komfort einerseits und ungesunder, disharmonischer Übertechnisierung andererseits.

In jedem Stadium der technischen „Entwicklung" wird es Unterschiede zwischen Privilegierten und weniger Privilegierten geben. Gegenwärtig lebt in Entwicklungsländern eine kleine Schicht solcher Privilegierten — entweder die alten Feudalherren oder junge Intelligenzkapitalisten — auf etwa europäischem Niveau, während die Masse der Bevölkerung nicht anders lebt als vor einigen tausend Jahren. Es ist vorstellbar, daß solche krassen Unterschiede sich ausgleichen durch Verbreiterung des Mittelstandes. Aber ganze Regionen von Entwicklungsgebieten werden wahrscheinlich auf unabsehbare Zeit ärmer bleiben als andere und vielleicht nur ein Mindestmaß an technischem Komfort und an Ernährung zur Verfügung haben. Die Diskrepanz zwischen diesen und den sich rascher technisch entwickelnden Gebieten wird erschreckend groß werden.

3. Verschiedenheiten der Entwicklungsländer

Betrachtet man die Entwicklungsländer im einzelnen, dann sieht man die enormen Unterschiede, die sie untereinander aufweisen.

Die technische „Unterentwicklung" liegt nicht an mangelndem Fleiß oder an geringer Intelligenz der Bewohner. Denkt man an ägyptische

A. Allgemeine Grundlagen zur Entwicklungsförderung   73

Tempelbauten, an die Anlagen von Angkor oder Bangkok, an die zehntausende Tontäfelchen mit Abrechnungen in Ninive, an die Schönheit des Stadtbildes von Isfahan, an die Felsenkirchen Lalibelas in Äthiopien oder die alten Kulturen Mittelamerikas, und betrachtet man diese Leistungen einmal als „Bruttosozialprodukt", dann erkennt man, daß es den afrikanischen und asiatischen Ländern nicht an schöpferischen Kräften und an Leistungswillen gefehlt hat. Freilich benötigten sie für solche Leistungen „Sternstunden", also vielleicht ein biologisches Hochgefühl und einen Berufungsglauben. Vielleicht kamen solche Dynamisierungen durch den Zusammenprall von verschiedenen Kulturen zustande. Diese Leistungen lagen nicht in Richtung naturwissenschaftlicher Denkweise, wie sie für die Technisierung Grundlage sind. Diese schöpferischen Leistungen sind überwiegend „anonym", das heißt nicht der einzelne schöpferische Mensch trat als Individuum hervor, wie dies in Europa seit Jahrhunderten der Fall ist, sondern große Gruppen von gelernten Kunsthandwerkern schufen die bewundernswürdigen Werke.

Nicht alle heutigen Entwicklungsländer haben in ihrer Geschichte solche kulturellen und künstlerischen Höchstleistungen aufzuweisen. Aber es gibt noch andere Unterschiede. Da ist zunächst die ökonomische Situation. Es gibt Ölländer, deren Gesamteinkommen ebenso hoch ist wie dasjenige mancher europäischer Staaten. Sie können sich das ganze Warenhaus industrialisierter Länder kaufen, einschließlich des Gesundheitsdienstes. Auch wenn solcher Rahmen zunächst nur äußerlich übergestülpt zu sein scheint, kann vielleicht die Bevölkerung ganz natürlich in ihn hineinwachsen, wenn rechtzeitig die Staatslenker allen Einwohnern gleiche Chancen geben. Es gibt Entwicklungsländer mit reichen Mineralschätzen, die mit sinnvollen sozialen Planungen, angemessener Bescheidung und entsprechendem Fleiß ebenfalls in absehbaren Zeitspannen ihren Lebensstandard demjenigen Europas werden angleichen können.

Aber die meisten Entwicklungsländer sind Agrarländer mit einem Volkseinkommen, das nahe am Existenzminimum liegt, das heißt, das durchschnittliche jährliche pro-Kopf-Einkommen liegt um 400,— DM, zahlreiche liegen darunter, manche bei etwa 150,— DM und einige wenige werden sogar noch unter diesem Betrag liegen. Die Vermehrung der Produktion und die Eröffnung von Absatzmärkten für Agrarprodukte oder die Verlagerung der Produktion auf absatzfähige Halbfertig- oder Fertigwaren wird hier sehr lange dauern und es mag sein, daß diese Länder innerhalb absehbarer Zeiträume niemals auch nur einen „Mittelwert" an technischer Entwicklung werden erreichen können. Man kann sich außerdem schwer vorstellen, wie diese Länder Aussichten auf „technische Entwicklung" haben können ohne satrapischen

Zwang, ohne tiefgreifende soziale Umstrukturierung und ohne generationenlangen Verzicht auf Konsumgüter außer denen der nackten Existenzgrundlage.

Ferner ist die Frage bedeutungsvoll, ob ein Land übervölkert ist (beispielsweise Indien, Pakistan, Ägypten) oder untervölkert (beispielsweise Irak, Äthiopien). Übervölkerte Länder werden nicht umhin können, die Frage der Geburtenregelung zu lösen. Es mag sein, daß Bevölkerungsdruck das Entwicklungspotential steigern kann, ähnlich wie in Europa das Klima und der Bevölkerungsdruck rationale Einstellung und Technisierung gefördert haben. Daher mögen manche übervölkerte Länder Asiens (China, Taiwan, Malaysia, Indien, Pakistan) und Afrikas (Vereinigte Arabische Republik) mehr Chancen für Rationalisierung, Puritanismus, Planung, Fleiß, Investitionsklima und damit späteren Wohlstand haben als die untervölkerten Gebiete der gleichen Kontinente. Japan hat bisher als einziges Land mit Erfolg die Geburtenziffer seit 1945/49 von 30,1 auf 16,8 (1961) vermindert. In anderen Ländern sind die Erfolge schüchtern, oder — wie in Lateinamerika außer Puerto Rico — negativ.

Die Entwicklungsaussichten eines Landes werden zudem bestimmt durch die Größe der Einwohnerzahl. Agrarische Entwicklungsländer mit kleiner Einwohnerzahl werden geringere Aussichten haben als volkreiche Länder. Geographische und geologische Gegebenheiten spielen bei Prüfung der Entwicklungsaussichten ebenfalls eine Rolle. Gewisse Grundlagen sind als unabdingbar anzusehen, beispielsweise eine moderne Sozialstruktur, in der die Bewertung von Fähigkeiten und Leistungen statt der Bewertung von Rasse oder Kaste oder Abstammung eine hervorragende Bedeutung hat; eine Sozialstruktur, in der es die Arbeitsteilung gibt; in der außerdem zunächst die Elite, später dann große Teile des Volkes mehr an die Gemeinschaft, an die Familie, an das Vaterland denken als an privates Wohlergehen. Man kann ferner eine kühle Rationalität in der Verfolgung wirtschaftlicher, technischer und wissenschaftlicher Interessen sowie die planmäßige Nutzung aller Hilfsquellen und Naturschätze und dazu einen Glauben an Fortschrittsmöglichkeiten als unabdingbare Grundlage ansehen. Andere Hypothesen für den wirtschaftlichen und technischen Fortschritt sind die Begriffe des Anti-Traditionalismus, eines Universalismus, das heißt der Zubilligung gleichen Rechts für alle und gleicher Möglichkeiten für alle und der „Kontaktbeschäftigung" an Stelle von „Statusbeschäftigung".

Weitere, wahrscheinlich sehr bedeutungsvolle Vorbedingungen sind auch heute noch *Klima* und *Umgebung*. Man kann von einem *klimatischen Energiegürtel* sprechen, der sich um die Erde zieht. Es gibt ferner *Umgebungen,* die stimulierend wirken, indem sie nicht zu hart und nicht zu weich sind; indem sie Frontpositionen darstellen, in denen man sich bewähren muß; oder indem ein Minoritätsdruck die Menschen zwingt, sich gegen die Mehrheit durchzusetzen. Auch Vorstöße in Niemandsland oder der Zusammenprall verschiedenartiger Kulturen können stimulierend wirken.

Am entscheidensten ist jedoch immer wieder die Frage der „Entwicklungsfreudigkeit", das heißt einer echten Arbeitsfreude, eines natürlichen Strebens, einer Bereitschaft zum Maßhalten, einem Planen auf ferne Zukunft hin und eine geistige Wendung zum rationalen und technischen Denken hin. Wenn eine solche Wendung, wie in Europa, Jahrhunderte oder Jahrtausende benötigt, um einen neuen Menschentyp zu schaffen und zudem ein Klima, das die Menschen zu dieser Wendung zwingt, dann wird grundlegend, wie oben schon gesagt, eine Übertragung europäischer Verhältnisse auf afrikanische und asiatische Länder nicht oder nur sehr langsam möglich sein. Aus der wichtigsten Vorbedingung — nämlich aus dem Klima — erklärt sich dann auch die „Unterentwicklung" Lateinamerikas. Und aus dem „neuen Menschentyp" und dem Klima erklären sich dann auch die „Ausnahmen": Israel, Japan, Südafrikanische Union, die entweder in einem Europa ähnlicheren Klima liegen oder aus der jüngsten Zeit so stark durch Europäer infiltriert sind, daß der rationale Geist dorthin verpflanzt worden ist und sich in den Randgebieten der heißen Klimazonen durchsetzen konnte.

B. Das Leitbild eines Gesundheitsdienstes

Wenn man die Charta der Vereinten Nationen zugrunde legt, nämlich daß

a) Gesundheit der Zustand höchstmöglichen „physischen, psychischen und sozialen Wohlbefindens" ist,

b) der höchstmögliche Grad an Gesundheit allen Einwohnern eines Landes unabhängig von Rasse, Religion, sozialer Stellung und wirtschaftlicher Lage zugute kommen soll,

dann sollte theoretisch der Aufbau des Gesundheitswesens in Entwicklungsländern in Stufen erfolgen. Bevor Planungen für einen solchen stufenweisen Aufbau eines Gesundheitsdienstes eingeleitet werden, müssen die bestehenden Voraussetzungen geprüft werden.

Um die personellen und sachlichen Voraussetzungen für einen Gesundheitsdienst prüfen zu können, müßte man Zahl und Verteilung der Ärzte, Schwestern, Hebammen, des übrigen Personals, der Krankenhausbetten, Laboratorien, Gesundheitsstationen, der Volksaufklärungsmaßnahmen, der Impfungen, des Verbrauchs lebensrettender Medikamente, des verfügbaren Trinkwassers, die Zahl der benutzten Latrinen, die hygienische Abfallbeseitigung kennen. Da diese Zahlen, vor allem in Entwicklungsländern, kaum zu erstellen sind, legt man hier, um einen Ansatzpunkt zu bekommen, die Zahl der Einwohner je Arzt und die Zahl der Krankenhausbetten auf 1000 Einwohner zugrunde. Dabei ergibt sich 1960 in abgerundeten Zahlen folgendes Bild:

Tabelle 7

Verhältniszahl Krankenhausbetten und Ärzte zu Einwohnern (37)

Land	Krankenhausbetten auf 1000 Einwohner	Verhältniszahl Arzt : Einwohner
Israel	7,4	1 : 415
Argentinien	6,2	1 : 768
Japan	7,6	1 : 916
Kuwait[a]	—	1 : 1 000
Kuba	4,3	1 : 1 028
Bermuda	7,2	1 : 1 150
Venezuela	2,95	1 : 1 249
Zypern	2,6	1 : 1 460
Chile	2,5	1 : 1 600
Mexiko	—	1 : 1 700
Bahamas	5,1	1 : 2 000
Peru	2,1	1 : 2 145
Puerto Rico	3,1	1 : 2 200
Uruguay	3,9	1 : 2 245
Kolumbien	2,1	1 : 2 350
Brasilien	3,5	1 : 2 420
VAR Ägypten	—	1 : 2 600
Costa Rica	6,0	1 : 2 620
Nicaragua	1,8	1 : 2 818
Ecuador	2,2	1 : 2 900
Panama	3,8	1 : 3 220
Barbados	6,0	1 : 3 510
Iran	0,71	1 : 4 000
Jamaika	1,7	1 : 4 240
Syrien	0,76	1 : 4 500
Irak	1,2	1 : 5 000
Ceylon	3,1	1 : 5 000
Indien	0,25	1 : 5 000
El Salvador	1,5	1 : 5 100
Bolivien	1,79	1 : 5 270
Jordanien	1,09	1 : 6 000

B. Das Leitbild eines Gesundheitsdienstes

Land	Krankenhausbetten auf 1000 Einwohner	Verhältniszahl Arzt : Einwohner
Guatemala	—	1 : 6 367
Paraguay	0,42	1 : 6 700
Dom. Republik	2,7	1 : 6 818
Gabun	6,6	1 : 7 400
Thailand	0,37	1 : 7 500
Kenia	5,0	1 : 7 600
Madagaskar	1,5	1 : 11 000
Honduras	—	1 : 12 660
Uganda	—	1 : 13 000
Kongo-Br.	1,6	1 : 14 000
Saudiarabien	0,28	1 : 14 000
Tanganyika	1,55	1 : 17 000
Burma	0,5	1 : 18 000
Basutoland	1,4	1 : 20 000
Betschuanaland	2,9	1 : 20 000
Kamerun	3,95	1 : 20 000
Ghana	0,75	1 : 21 000
Sierra Leone	0,7	1 : 21 000
Dahomey	—	1 : 24 000
Ruanda-Burundi	1,53	1 : 26 000
Nigeria	0,41	1 : 33 000
Sudan	0,97	1 : 35 000
Mauretanien	0,18	1 : 36 000
Indonesien	0,45	1 : 43 000
Togo	1,8	1 : 47 000
Afghanistan	0,13	1 : 53 000
Tschad	0,8	1 : 60 000
Nepal	0,12	1 : 70 000
Niger	0,43	1 : 86 000
Äthiopien[a]	0,25	1 : 100 000
Jemen	0,34	—

a) Nach persönlicher Information.

Man könnte, um diese Übersicht zu gruppieren, verschiedene Kategorien von Ländern bezüglich ihres Gesundheitsdienstes zusammenfassen, beispielsweise:

Gruppe A Verhältniszahl 1 Arzt auf 1000 Einwohner und darunter
            (nordeuropäische und nordamerikanische Länder)
Gruppe B Verhältniszahl zwischen 1 : 1000 und 1 : 10 000
            (lateinamerikanische und einige fernöstliche Länder)
Gruppe C Verhältniszahl zwischen 1 : 10 000 und 1 : 20 000
            (vorwiegend afrikanische Länder)
Gruppe D Verhältniszahl 1 : über 20 000
            (afrikanische und einige asiatische Länder).

Hiernach ersieht man, daß nur Israel, Argentinien, Japan und Kuweit die nordeuropäisch-nordamerikanischen Normen erreichen. Die Vereinten Nationen haben 1960 zusammen mit ihren Mitgliedstaaten geplant, daß alle Entwicklungsländer während der „Entwicklungsdekade 1960—1970" auf mindestens einen Arzt für 10 000 Einwohner kommen sollten. Länder, bei denen das Verhältnis Arzt zu Einwohnerzahl um 1 : 20 000 liegt, werden kaum in der Lage sein, die nach diesem sogenannten U Thant-Plan angeregte Ziffer von 1 : 10 000 bis zum Jahre 1970 zu erreichen und die finanziellen Möglichkeiten für den auf einen solchen Stand gebrachten Gesundheitsdienst aufzubringen. Länder, bei denen diese Verhältniszahl zwischen etwa 1 : 50 000 und 1 : 100 000 liegt, werden, soweit eine Vorausschau berechenbar ist, ein Jahrhundert und mehr benötigen, um auch nur auf 1 : 10 000 zu kommen. Es ist zur Zeit nicht vorstellbar, wie ein Agrarland, das keine mineralischen Bodenschätze besitzt, in übersehbaren Zeiträumen personell und finanziell zu dem Standard eines Gesundheitsdienstes, wie ihn gegenwärtig beispielsweise Jugoslawien besitzt (4,3 Krankenhausbetten auf 1000 Einwohner und ein Arzt auf 1312 Einwohner), gelangen soll.

Die Lösung der finanziellen und personellen Probleme wird noch dadurch erschwert, daß oft die Führungsschicht eines solchen Agrarlandes, also beispielsweise Ärzte und andere Akademiker, bisher sich nicht den ökonomischen Umständen ihrer Heimat anpassen, sondern einen „internationalen Lebensstandard" für sich beanspruchen. Dadurch werden die viel zu geringen verfügbaren Mittel auf eine kleine Gruppe konzentriert. Das hindert ihre Verteilung nach sozialer Gerechtigkeit und damit eine der Hebung der allgemeinen Produktivität dienende Streuung.

Ein Gesundheitsdienst bedingt zunächst Investitionen, die sich zwar eines Tages nicht nur psychologisch durch soziale Ermutigung, sondern auch finanziell durch potentielle Erhöhung der Produktion bezahlt machen, aber wie soll es in armen Agrarländern möglich werden, größere Beträge für solche langfristigen Investitionen abzuzweigen (wobei es ökonomisch gesehen gleichgültig ist, durch welche Kanäle die Investitionen für einen Gesundheitsdienst fließen, ob durch Privatpraxis, durch soziale Krankenversicherungen oder durch verstaatlichte Gesundheitsdienste)? Die Staatsautorität und das gesamte Volk eines Entwicklungslandes müssen sich klar werden, wieviel sie für Gesundheitsdienst von ihrem Nationaleinkommen abzweigen wollen und können. Sie müssen ferner entscheiden, auf welche Zweige des Gesundheitsdienstes und wie die verfügbaren Summen am erfolgversprechendsten verteilt werden sollen.

Es gibt freilich keinen „Weltmarktpreis" für Gesundheitsdienste. Vergleichbare Leistungen können, wie bereits erwähnt, in einem Land ein mehrfaches von dem kosten, was für sie in einem anderen Land bezahlt wird. In zahlreichen Entwicklungsländern liegen, wenn man Wechselkurse der Geldwährungen zugrundelegt, die Preise für gesundheitsdienstliche Leistungen wesentlich höher als in industrialisierten Ländern. Teilweise liegt das wohl daran, daß Medikamente, Apparate, Röntgenfilme eingeführt werden müssen, teilweise aber wohl auch an den Gehältern oder Honoraren der Ärzte und Schwestern, die nicht entsprechend dem ökonomischen Niveau des Landes, sondern manchmal besonders hoch angesetzt sind.

Von dieser Voraussetzung ausgehend, ist die folgende Zusammenstellung zu betrachten über die Ausgaben für Gesundheitsdienste in einigen der Länder, deren Gesundheitswesen fast ganz oder ganz verstaatlicht ist (in DM umgerechnet nach Wechselkursen 1962 in der Bundesrepublik) und die pro Kopf der Bevölkerung und Jahr veranschlagt haben:

Tabelle 8

Länderausgaben für Gesundheitsdienst (37)

	DM
Kuweit	911,67 (1960)
Ungarn	310,41 (1960)
Tschechoslowakei	300,70 (1960)
Schweden	247,25 (1960/61)
Neuseeland	231,37 (1960)
Kanada	192,56 (1960/61)
Großbritannien	174,38 (1959/60)
Sowjetunion	103,30 (1960)

Bei nicht verstaatlichten Gesundheitsdiensten kommen hierzu noch die kaum genau erfaßbaren Aufwendungen von Privatpatienten, Krankenversicherungsumlagen, religiösen und anderen Stiftungen, und in Entwicklungsländern Zuschüsse durch internationale, multilaterale oder bilaterale Entwicklungshilfe. Die statistisch erfaßten Regierungsaufwendungen der Entwicklungsländer und die Beiträge für internationale Seuchenbekämpfungsmaßnahmen deuten hier auf die Aufwendungen hin, wie sie in ländlichen Bezirken geboten werden, wo die meisten Patienten zu arm sind, um privat Zahlungen zu leisten, und wo Missionsstationen nur einen punktuellen Wirkungskreis haben. Hierbei zeigen sich die sehr großen Unterschiede in den einzelnen Ländern (aus dem Jahre 1960, außer wo in Klammern eine andere Jahreszahl zugefügt ist), ebenfalls in DM umgerechnet (Auszug aus Tabelle 4):

Tabelle 9

Länderausgaben für Gesundheitsdienst (37)

	DM
Venezuela	193,70
Jamaica	31,10
Kongo-Brazzaville	15,96
Irak	10,40
Türkei	7,64
Bolivien	4,71
Togo	3,19
Nigeria	2,70
Mauretanien	2,52 (1959)
Thailand	1,65
El Salvador	1,58
Indien	1,02
Laos	0,18
Nepal	0,11

Diese Unterschiede und vor allem die sehr niedrigen Beträge spiegeln, wie gesagt, wahrscheinlich vor allem die unterschiedliche und überwiegend sehr mangelhafte Versorgung der *ländlichen* Bevölkerung wieder. Denn die gesundheitsdienstliche Versorgung der Haupt- und Großstädte entspricht heutzutage auch in Entwicklungsländern fast überall einem mittleren europäischen Niveau.

Neben den Unterschieden in den absoluten Zahlen gibt es auch erhebliche Unterschiede in den relativen Zahlen, das heißt in dem Prozentsatz, den ein Staat von seinem Staatshaushalt für Gesundheitsdienste abzweigt, wie bereits in Tabelle 4 angegeben.

Für Entwicklungsländer werden etwa 15 % des Staatshaushaltes als optimale und zugleich vertretbare Größenordnung für die Finanzierung ihres Gesundheitsdienstes anzusehen sein, wenn dieser verstaatlicht ist oder wenn er in den Landbezirken angemessen sein soll. Die sich ergebenden absoluten Zahlen werden dabei natürlich sehr verschieden sein, je nach der Höhe des Staatshaushaltes, der wiederum seinerseits nicht nur in seiner absoluten Höhe sehr schwankt (von beispielsweise umgerechnet auf Jahr und Kopf der Bevölkerung von DM 2,20 in Nepal und DM 22,20 in Indien zu DM 1019,46 in Venezuela und DM 3717 in Kuweit), sondern auch in seiner Relation zum Volkseinkommen eines Landes (ungefähre Relation Volkseinkommen : Staatshaushalt zum Beispiel auf den Philippinen 12 : 1, in Äthiopien 10 : 1, in Griechenland 5 : 1, in Großbritannien und Venezuela 3 : 1).

Die Sowjetunion bringt einen erfolgreichen Gesundheitsdienst preisgünstig hervor, wahrscheinlich weil sie ihrer Ökonomie angepaßte Gehälter zahlt, Apparate und Materialien selbst produziert und sich sehr wesentlich auf Hilfskräfte stützt (wie früher erwähnt, z. B. 334 700 „Feldshers" bei 404 612 Ärzten). Rational betrachtet müßten arme Entwicklungsländer alles daran setzen, ihren Gesundheitsdienst — wie natürlich auch alle anderen öffentlichen Ausgaben — so „preisgünstig" wie möglich zu machen.

Die Ausgaben für einen modernen Gesundheitsdienst erhöhen sich von Jahr zu Jahr durch die Verteuerung der Behandlungsweisen und Untersuchungsmethoden. Sie haben sich zur Zeit in den technisch hochentwickelten Ländern auf etwa 4 % des Nationaleinkommens jährlich eingespielt, dürften aber vorerst auch als Prozentsatz weiter ansteigen.

Die absoluten Kosten für einen modernen Gesundheitsdienst nach dem Muster etwa eines mitteleuropäischen Landes dürften in manchem Entwicklungsland etwa 500,— DM pro Kopf und Jahr erfordern. Diese Zahl ist bekannt geworden durch den Gesundheitsdienst, den eine Ölkompanie in einem nahöstlichen Land für ihre Arbeiter und deren Familienangehörige, insgesamt etwa 100 000 Menschen, eingerichtet hat. Kuweit gibt, wie oben bereits angegeben, DM 911,67 pro Kopf und Jahr für seinen Gesundheitsdienst aus. *Da solche phantastischen Summen in armen Entwicklungsländern in geschichtlich übersehbaren Zeiträumen nicht verfügbar sein werden, werden diese Länder grundlegend andere und neue Wege einschlagen müssen, wenn sie ihrer Bevölkerung auf dem Gesundheitssektor helfen wollen.*

Man mag fragen: lohnt es denn wirtschaftlich überhaupt, einen modernen Gesundheitsdienst anzustreben, abgesehen von dem humanitären Ideal, allen Menschen die Chance zur höchstmöglichen Gesundheit zu bieten? Ist diese humanitäre Einstellung in manchen armen Ländern nicht ein ökonomisch nicht vertretbarer Luxus? Welche Wirkungsweisen besitzt ein moderner Gesundheitsdienst?

Im einzelnen ist das schwer festzustellen, zumal Statistiken aus Entwicklungsländern meist unvollständig und unzuverlässig sind. Aber einige Kriterien für die Wirkung eines modernen Gesundheitsdienstes sind überzeugend:

a) Da ist einmal die Erhöhung der Lebenserwartung, vor allem beruhend auf der Senkung der Säuglings- und Kleinkindersterblichkeit. Die Lebenserwartung in industrialisierten Ländern beträgt etwa 70 Jahre, das heißt jedes Neugeborene hat die Aussicht, im Durchschnitt 70 Jahre alt zu werden. In Entwicklungsländern wird diese Zahl auf 30 bis 40 Jahre geschätzt. Das bedeutet, daß sich die Investitionen für die Aufzucht und kindliche Erziehung großenteils nicht im produktionsfähigen Alter auswirken und ökonomisch auszahlen können.

b) Weiterhin kommt hierzu die Einschränkung der Produktionskapazität durch schwere Infektionskrankheiten, vor allem Malaria, Hakenwurmbefall, Bilharziose, Schlafkrankheit, die Blindheit durch Trachom, das soziale Ausgestoßensein durch Lepra und Tuberkulose, die Schwächung vieler Individuen durch Parasiten. Alle diese Krankheiten sind in industrialisierten Ländern ausgerottet oder unter Kontrolle, während in Entwicklungsländern sich ihre Schäden auswirken.

c) Schließlich wird die Produktionsfähigkeit und die Arbeitsfreude der Menschen in Entwicklungsländern beschränkt durch die vielfachen Hunger- und Mangelzustände, die es in industrialisierten Ländern nicht mehr gibt.

In dem circulus vitiosus: Krankheit — Mangel an Arbeitskapazität — Armut — mehr Krankheit — größere Armut, spielen Krankheiten und Mangelzustände eine starke ursächliche Rolle. Umgekehrt ist der Teufelskreis von hier aus theoretisch aufzubrechen; es gilt, die Theorie in die Praxis umzusetzen.

Leistungsfähigkeit ist natürlich nicht nur eine Folge verbesserter Gesundheit, und erhöhte Gesundheit ist nicht nur eine Folge gehobener Gesundheitsdienste. Trotzdem läßt sich für diejenigen afro-asiatischen Länder, die Statistiken über Säuglingssterblichkeit, einen der feinsten Indikatoren für den Erfolg eines Gesundheitsdienstes, aufgestellt haben, eine Senkung der Säuglingssterblichkeit mit der Erhöhung der Zahl der Ärzte (als eines Symptoms für ausreichenden Gesundheitsdienst) aufstellen:

Land	Zahl der Ärzte pro Einwohner	Säuglingssterblichkeit (pro 1000 Lebendgeborene)	Jahr
Israel	1 : 415	30,8	1960
Kuweit	1 : 1 000	32,9	1960
Ceylon	1 : 4 700	58,9	1959
Jordanien	1 : 5 900	63,1	1959
Indien	1 : 5 040	87,9	1959
Burma	1 : 18 000	133,8	1959

Diese Parallelität trifft nicht zu in den lateinamerikanischen Ländern und in den Industrieländern. Es ist auch nicht anzunehmen, daß es eine einfache Gleichung gibt: mehr Ärzte = erfolgreicheren Gesundheitsdienst; die Dinge liegen komplizierter.

Wenn man feststellt, daß die „großen Seuchen" („the six great killers") in Europa und Nordamerika ausgestorben sind, daß Malaria, Hakenwurm und andere Parasiten hier keine Beeinträchtigung der

Arbeitskapazität mehr bedeuten, daß Hunger- und Mangelzustände weitgehend kontrolliert werden können, daß die Lebensaussichten sich verdoppelt und damit die produktionsfähige Periode des Menschenlebens sich wesentlich erhöht hat, dann ist nicht daran zu zweifeln, daß moderne Gesundheitsdienste im Zusammenhang mit technischem Fortschritt und mit Erhöhung des allgemeinen Lebensstandards sehr wesentlich die physische Gesundheit von Nationen und deren wirtschaftliche Produktivität verbessern können.

Wenn man davon ausgeht, daß „Entwicklung" planmäßig und gezielt in Gang gebracht werden kann, dann muß in bezug auf den Gesundheitsdienst folgendes bedacht werden:

Nach welchen Prinzipien soll geplant werden?

Wer soll was planen?

Wie sollen die Mittel für die Planungen und deren Durchführung bereitgestellt werden?

Wer soll die Pläne in die Wirklichkeit umsetzen, sie mit anderen Entwicklungsplänen koordinieren und ihre Ergebnisse kontrollieren?

Zunächst: Nach welchen Prinzipien soll geplant werden?

Wie schon mehrfach erwähnt, sollten die Prinzipien der Vereinten Nationen, nämlich jedem Einwohner den bestmöglichen Gesundheitsdienst bei geringstem Kostenaufwand zur Verfügung zu stellen, angepaßt werden an die ökonomische Situation des Landes. Entsprechend dieser ökonomischen Situation wird man Kategorien, wie schon in diesem Buch erwähnt, aufstellen können, die beispielsweise die Verhältniszahl Arzt zu Einwohner als Maßstab zugrunde legen.

Bei der Kategorie D (ein Arzt auf über 20 000 Einwohner), — Stufe „eins" — sollte ein kapillares Netzwerk von Gesundheitszentren mit kleinen Landkrankenhäusern gleichmäßig auf das ganze Land verteilt werden, wobei vorbeugende Maßnahmen vor kurativen weitaus Vorrang haben sollten. Seuchenbekämpfung, Mutter- und Kind-Fürsorge, Hygiene und Statistiken sollten vordringlichste Aufgaben sein. Auf dieser ersten Stufe sollte das Gesundheitspersonal aus „Praktikern" ohne besondere Spezialisierung, aber mit positiver Einstellung zu öffentlichem Gesundheitswesen und mit ausreichenden Kenntnissen in Nothilfemaßnahmen bestehen. Hilfspersonal* sollte *sehr* viel zahlreicher sein als Berufspersonal.

---

* Als „Hilfspersonal" ist in diesem Buch an alles gesundheitsdienstliche Personal, das keine anerkannte Vollberufsqualifikation hat, gedacht, also an Kategorien wie wenige Tage ausgebildete DDT-Sprayer und Impfer, Dorfhebammen mit Kurzausbildung, Hilfsschwestern, Hilfshygieniker bis hinauf zu Hilfsärzten mit einigen Jahren akademischen Studiums.

Bei Ländern der Kategorie C (ein Arzt auf 10 000 bis 20 000 Einwohner) — Stufe „zwei" — sollten die bewährtesten Kräfte der Stufe eins (einschließlich des Hilfspersonals) zu Spezialausbildung herangezogen und Spezialabteilungen in Krankenhäusern, ebenfalls auf das ganze Land gleichmäßig verteilt, eingerichtet werden. Das zahlenmäßige Verhältnis Praktiker : Spezialisten mag etwa 5 : 1 geplant werden. Natürlich muß gleichzeitig das kapillare Netzwerk von Gesundheitszentren, also die Infrastruktur des Gesundheitsdienstes, weiter ausgebaut werden.

Bei Ländern der Kategorie B (ein Arzt auf 1000 bis 10 000 Einwohner) — Stufe „drei" — kann, falls das betreffende Land genügend Anwärter für das Studium stellen kann und die Mittel für deren spätere Beschäftigung besitzt, zusätzlich zum kapillaren Gesundheitsdienst und zur Spezialisierung akademisches Studium im Lande selbst eingeführt werden. Wo die Vorbedingungen zur Schaffung einer eigenen Universität nicht gegeben sind, können Stipendien zum Studium an einer in der Region gelegenen Universität, deren Umweltbedingungen denjenigen der Heimat der Stipendiaten entsprechen, geboten werden. Dies sollte möglich sein bei Ländern mit einer Verhältniszahl von einem Arzt auf weniger als 10 000 Einwohnern oder auch bei besonders großen Ländern mit einem ungünstigeren Arzt : Bevölkerungs-Verhältnis. Gruppen von kleineren Ländern müßten sich zur Schaffung einer gemeinsamen Universität zusammenschließen.

Selbstverständlich muß Entwicklung auf dem Gebiet des Gesundheitswesens stets im Zusammenhang mit dem Gesamtgebiet des technischen Fortschritts gesehen werden, als Teil einer großen Skizze, die als Leitbild jeder Entwicklungspolitik vorschwebt.

Die „Ausbildung von Ausbildern" kann auf allen drei Stufen in industrialisierten Ländern stattfinden, um den Horizont der Führungskräfte auf den sozialen, rationalen und technischen Standard, der zum Lehren notwendig ist, zu erweitern. Alle Grundausbildung sollte auf allen drei Stufen im Heimatland oder in dessen Region erfolgen.

Berufspersonal sollte auf den Stufen „eins" und „zwei" des Gesundheitsdienstes vorwiegend oder ausschließlich Ausbildungs-, Überwachungs- und Planungsaufgaben übernehmen. Hilfspersonal hat für Entwicklungsländer den Vorteil, schnell ausgebildet werden zu können, es stellt geringere Material- und finanzielle Ansprüche und ist eher bereit, auf dem Lande zu arbeiten als Berufspersonal. Gut ausgebildetes Hilfspersonal kann in Seuchenbekämpfung, Überwindung von Mangelkrankheiten, Latrinenbau, Trinkwasserversorgung, Beseitigung der Abfallstoffe und für die Volksaufklärung — also für die Lösung der wichtigsten Probleme in den meisten Entwicklungsländern — ebenso wirkungsvoll sein wie Berufspersonal. Es ist, wenn in bescheidenem Maße durch Berufspersonal beaufsichtigt, in der Lage, einen vollwertigen öffentlichen Gesundheitsdienst „preisgünstig" aufzubauen, ist also der ökonomischen Lage der meisten Entwicklungsländer mehr angepaßt als der vorwiegend kurative Dienst mit Berufspersonal. Hilfspersonal ist dem Druck der Bevölkerung, kurative Dienste zu leisten, nicht so ausgesetzt wie Berufspersonal, das sich der kurativen Dienstleistung oft schwer entziehen kann, und es wandert nicht ab.

Wie sieht, im Vergleich zu diesem theoretisch wünschenswerten „Leitbild", dagegen die Wirklichkeit in manchen Entwicklungsländern auf dem Gebiet des Gesundheitswesens aus?

a) Es gibt viele Anwärter für *Berufs*personal, aber wenige für das kostengünstigere prestigeärmere *Hilfs*personal.

b) Das ausgebildete Berufspersonal zieht die Arbeit in den Städten vor und macht sich hier Konkurrenz in Privatpraxis, anstatt in staatliche Stellen in Landbezirken zu gehen, wo die Masse der Bevölkerung lebt und wo die gefährlichsten Krankheitsnester liegen.

c) Die meisten Ärzte in Entwicklungsländern wollen nicht „Praktiker" sein, sondern sich spezialisieren, weil das mehr Prestige und mehr finanziellen Gewinn einbringt und weil sie, wenn sie in industrialisierten Ländern studiert haben, dort das Spezialistentum kennengelernt haben. Diese — von gesundheitspolitischer Sicht aus betrachtet — Fehlsteuerung ließe sich nur durch drastische staatliche Kontrolle verhindern.

d) Auch die in manchen Entwicklungsländern mit liberalisiertem Gesundheitsdienst eingeführte Regelung, daß jeder Arzt nach Abschluß seines Studiums einige Jahre in staatlicher Stellung auf dem Lande tätig sein muß, bevor er die Erlaubnis bekommt, sich in einer Stadt niederzulassen oder sich zu spezialisieren, bewährt sich in der Realität wohl kaum. Denn es gibt zu viele Schlupflöcher, durch die jemand dieser Bestimmung entweichen kann, und außerdem verwurzelt ein Arzt nicht in einer Gemeinde und in einer Tätigkeit, von der er weiß, daß seine Zeit dort befristet ist, so daß er nur auf den Ablauf dieser Frist wartet.

e) Kaum ein Arzt oder Arzthelfer interessiert sich für den öffentlichen Gesundheitsdienst, obwohl gerade dieser, mit seinen Vorbeugungsmaßnahmen, mit seinen Anstrengungen zur Besserung der hygienischen Verhältnisse und mit seiner Bemühung um die Volksaufklärung, gegen die in den Entwicklungsländern vorherrschenden Krankheiten sehr viel „preisgünstiger" vorgehen kann als die kurative Medizin.

f) Die Gehälter von Ärzten und anderem Personal gleichen sich in manchen Entwicklungsländern den Gehältern in Industrieländern an (und übersteigen sie sogar), und nicht der ökonomischen Gesamtsituation des Entwicklungslandes; Schulerziehung und Universitätsstudium werden dabei meist kostenfrei gewährt.

g) Einige Regierungen der Entwicklungsländer wollen Universitäten aufbauen und Forschungsanstalten und Luxuskrankenhäuser betreiben, bevor die Stufen B oder A (ein Arzt auf weniger als 10 000 Einwohner) für den Grundaufbau des Gesundheitsdienstes erreicht sind und obwohl weder die Mittel für die Unterhaltung der Universität noch für die staatliche Verwendung der zukünftigen Ärzte zur Verfügung stehen. Privatpraxis ist zu begrenzt, als daß alle Ärzte davon leben könnten.

h) Ärzte und Schwestern aus Entwicklungsländern suchen ihre durch Stipendien geförderte Ausbildung in industrialisierten Ländern, deren Grundlagen völlig anders sind als diejenigen der Entwicklungsländer, statt in die Anstalten ihres Kontinents zu gehen, die in etwa ihren heimatlichen Verhältnissen entsprechen. Die „beens", die „Draußen-Gewesenen", bilden dann zu Hause eine Art neuer Feudalschicht, die nicht produktiv für die Gesundheit der *Gesamt*bevölkerung arbeitet; viele kehren gar nicht nach Hause zurück, sondern versuchen mit allen Mitteln, in Nordeuropa oder Nordamerika zu bleiben.

Alle diese Diskrepanzen zwischen den objektiven Möglichkeiten und Notwendigkeiten und den subjektiven Wünschen haben psychologische Ursachen. Die Psychologie ist eben eine harte Realität.

Die weitere Frage ist: *wer* soll *was* planen?

Für die Periode der „Entwicklungsdekade der Vereinten Nationen" 1960—1970 ist von der Weltgesundheitsorganisation vorgesehen und grundsätzlich von den Entwicklungsländern aufgegriffen worden, daß auf dem Gesundheitssektor nationale Entwicklungsprogramme aufgestellt werden sollten. Bekanntlich haben die kommunistischen Länder und auch einige Entwicklungsländer Pläne ausgearbeitet und vielfach schon durchgeführt. Mit der Zielvorstellung, die solchen Planungen zugrunde gelegt wurden, wurden in Grundsatzfragen die Weichen gestellt. Es ist schwer, die Richtung zu ändern, wenn die Weichen einmal gestellt sind. Daher ist eine genaue Zielvorstellung bei allen Planungen und eine klare Einsicht in die vorausschaubaren Möglichkeiten so sehr wichtig.

Viele Grundsatzfragen beantworten sich für den rational Denkenden in denjenigen Entwicklungsländern, die nicht zufällig durch Bodenschätze reich sind, von selbst durch die Beschränktheit der Haushaltsmittel und der Zahl des verfügbaren Personals einerseits, durch die Maximen der Vereinten Nationen andererseits.

Die Weltgesundheitsorganisation hat es verhältnismäßig leicht, rationale Gesichtspunkte für bestimmte Projekte durchzusetzen. Da gibt es internationale Planungen, der sich die Nationen in einsichtiger Freiwilligkeit anschließen (Malaria). Die großen Seuchenkampagnen (Frambösie, Lepra, Trachom, Tuberkulose, Geschlechtskrankheiten, Bilharziose, Hakenwurm) sind und sollten weiterhin Ressorts der Weltgesundheitsorganisation und internationaler Planungen bleiben. Die Entwicklungsländer, die selbst zusammen mit den industrialisierten Ländern in dieser Weltgesundheitsorganisation sitzen, fügen sich auf solchen Gebieten leicht in die rationalen und sozialen Gedankengänge der Vereinten Nationen ein.

Die Frage, *wer* planen soll, ist nicht generell für alle Länder zu beantworten. Es müssen Individual-Lösungen für jedes einzelne Land gefunden werden. Es können beispielsweise allgemeine Planungskommissionen in jedem Land gegründet werden, die auch das Gesundheitswesen in ihre Planungen mit übernehmen. Weiterhin können Gesundheitsministerien eine besondere Planungskommission für ihre Belange einsetzen, die sich dann selbst mit den Planungskommissionen anderer Ressorts koordiniert. Diese sichert eine kontinuierliche Adaption der Planung an die wechselnden Gegebenheiten. Schließlich kann eine auf das Gesundheitswesen beschränkte Planungskommission für die Erforschung der Grundlagen, für die Tendenzen, die sich aus geographischer, geschichtlicher, ökonomischer und sozialer Situation ergeben, sowie für die daraus resultierenden Planungsmöglichkeiten eingesetzt werden. Mitglieder solcher Planungskommissionen sollten neben nationalen Persönlichkeiten auch internationale und fremde Experten sein, die eine Vergleichsmöglichkeit mit anderen Ländern und lange Erfahrungen auf dem Gebiet des Planens besitzen. Die Dauer der Planungsperiode darf nicht zu kurz bemessen sein, meist werden zwei Jahre dafür angesetzt werden müssen. Eine ständige longitudinale Kontrolle der Effektivität der Planung und ihrer Durchführungsmöglichkeiten muß sich an jede Planung anschließen. Innerhalb der Planung müssen die Prioritäten entsprechend den ökonomischen Verlusten, die bestimmte Krankheiten verursachen, gesetzt werden und es müssen die Unkosten für jeden einzelnen Sektor der Planung berechnet werden, um ein System zweckmäßiger Verteilung der Mittel auch dann zu sichern, wenn die absolute Summe der verfügbaren Mittel sich ändern sollte.

Wenn die Projekte der Weltgesundheitsorganisation auf dem Gebiet der Seuchenbekämpfung in 50 oder 100 Jahren dazu führen werden, daß manche dieser Krankheiten von der Erde verschwinden, werden wichtige Probleme der Entwicklungsländer gelöst sein.

Die bilateralen und multilateralen Aktionen auf dem Gesundheitssektor haben Spielraum, um sich mehr individueller und geographisch begrenzter Projekte anzunehmen. Dadurch ist vorläufig eine weltweite Planung erschwert. Rationale Überlegungen wären auch hierbei verhältnismäßig einfach, wenn Geber- und Nehmerland sich den Zielvorstellungen der Vereinten Nationen unterordnen würden. Aber bisher haben bei bilateralen und auch bei multilateralen Entwicklungsplanungen oft emotionelle Wünsche eine größere Rolle gespielt als fachliche Erwägungen. Die Projekte kamen meist zustande durch Wünsche vonseiten der Entwicklungsländer, und es war mehr oder weniger ein Zufall, ob und auf welcher Basis das Spenderland seine Zustimmung gab. Dieser Zustand ist unbefriedigend sowohl für die Spender- wie letztlich für die Empfängerländer.

Es sollte daher so bald wie möglich versucht werden, eine Abstimmung zwischen möglichst vielen Spenderländern und multilateralen Organisationen einerseits, den Empfängerländern andererseits zu erreichen über eine koordinierte Entwicklungspolitik auf dem Gesundheitssektor. Diese Entwicklungspolitik sollte einen Stil haben, der durch rationale Vorstellungen und durch eine Klarsicht über die Möglichkeiten der Entwicklungsländer geprägt ist.

Hilfe auf dem Gesundheitssektor gehört der technischen Entwicklungshilfe an. Sie ist, ihrem Wesen nach, frei von militärischen, ökonomischen und politischen Nebengedanken. Auf dem Gesundheitssektor kann, dem Sinn des Arzttums entsprechend, nicht der geringste andere Gedanke das Motiv einer Entwicklungsförderung sein als derjenige, zum „körperlichen, seelischen und sozialen Wohlbefinden" für *alle* Menschen beizutragen. Daß nebenbei Gesundheit die Vorbedingung jeder Produktionsfähigkeit ist, wird jeder verstehen.

Die nächstliegenden Probleme bieten sich von der Sache her an: auf der einen Seite die Möglichkeiten, beinahe jeder der Seuchen und der Mangelkrankheiten erfolgreich zu begegnen; auf der anderen Seite die Hunderte von Millionen Menschen in den Landdistrikten der Entwicklungsländer, die an diesen Krankheiten leiden.

Es geht heute nicht darum, auf diesem Gebiet Neues zu entdecken, sondern darum, die Möglichkeiten zu verbessern, durch die die Entdeckungen der letzten hundert Jahre angewandt werden können, das heißt Personal und Mittel dort zur Verfügung zu stellen, wo sie am nötigsten sind. Am nötigsten sind sie in fast allen Entwicklungsländern bei der Landbevölkerung.

Viele Projekte auf dem Gesundheitssektor werden eine sehr langdauernde Unterstützung seitens des Spenderlandes benötigen. Ein Entwicklungshilfeprojekt auf dem Gesundheitssektor sollte wohl im allgemeinen eine Mindestlaufzeit von 10 Jahren haben.

Meist wird Personalhilfe mit Materialhilfe verbunden werden müssen, also Ärzte, Schwestern und andere Fachleute für eine bestimmte Zeit und mit den Grundlagen ihrer Arbeitsmöglichkeit zur Arbeit eingesetzt werden. Der Leitgedanke bei jeder Entwicklungshilfe bleibt aber immer wieder, sich selbst überflüssig zu machen. Das bedeutet, daß das oberste Ziel ist, einheimisches Personal so lange, bis dieses allein weiterarbeiten kann, zu unterrichten und zu überwachen. *Überall und bei allen Entwicklungshilfeprojekten auf dem Gesundheitssektor muß also Unterricht mit eingeplant werden.* Die Entwicklungshelfer müssen in der Lage sein, den notwendigen Unterricht zu erteilen.

Die wirtschaftliche Lage des Entwicklungslandes spielt bei der Beurteilung der förderungswürdigen Projekte eine entscheidende Rolle: reine Agrarländer ohne sonstige Bodenschätze und mit unzureichenden Transportmöglichkeiten können — immer vorausgesetzt, daß man die Maxime der Weltorganisation zugrunde gelegt — auf unabsehbare Zeit kaum über die obenerwähnte erste Stufe, also die Schaffung der gesundheitsdienstlichen Infrastruktur, hinauskommen. Würden sie, bevor die erste Stufe ausgebaut ist, die zweite oder dritte Stufe aufbauen — wie dies heute vielfach versucht wird —, dann wird ihr Gefüge uneinheitlich werden. Es wird eine asynchrone Entwicklung geben, wo einerseits nicht ausgereifte und andererseits zurückgebliebene Wesensradikale sich gegenseitig hemmen und zu bedrohlichen Spannungen führen werden.

Auch die Bevölkerungsdichte ist zu berücksichtigen: wo ein Land echt übervölkert ist und jede Hebung des Volkseinkommens großenteils durch die Bevölkerungszunahme aufgezehrt wird oder gar die Bevölkerungszahl höher ist, als daß sie — durch Eigenproduktion oder Einfuhr — ernährt werden kann, da wird die Diskussion über die Frage der Geburtenregelung unausweichlich.

Vonseiten der Spenderländer ist ein optimaler Prozentsatz für Hilfe auf dem Gesundheitssektor im Rahmen der gesamten technischen Hilfe zu suchen. Anhaltspunkte sind gegeben in den technischen Organisationen der Vereinten Nationen, die der Weltgesundheitsorganisation etwa 17,5 % ihres Gesamthaushaltes zubilligen, ferner in der technischen Hilfe der Vereinigten Staaten von Amerika, die meines Wissens etwa 25 % für Gesundheitshilfe ausgeben, und in der Hilfe eines deutschen katholischen Hilfswerks, das von den verfügbaren etwa 48 Mill. DM jährlich 30 % der Gesundheitshilfe zuweist.

Spender- und Empfängerland müssen sich auf eine elastische Form der Bürokratie einigen. Die starre Anwendung bestehender Grundsätze würde das Experiment der Entwicklungshilfe erschweren. Jedes einzelne Projekt ist an eine individuelle Anpassung gebunden, auch wenn ein einheitlicher Stil der gesundheitsdienstlichen Entwicklungspolitik gefunden sein sollte.

Die größte Schwierigkeit dürfte sein, geeignete Fachkräfte aus den Spenderländern sowohl für die Zentrale als auch als Distriktrepräsentanten und für die Feldexekutive zu finden. Welche Qualifikationen sollen diese Emissäre des guten Willens haben? Eine Selbstverständlichkeit sind die bestmöglichen Fach- und Sprachkenntnisse. Aber die Fähigkeit, die Kenntnisse in ungewohnter Umgebung anzuwenden, sich anzupassen, ohne den eigenen Standard zu verlieren, Takt und Mut, Verbindlichkeit und Charakterfestigkeit, alle diese Eigenschaften zeigen sich erst unter der Bewährungsprobe der wirklichen Anforderungen. Niemand kann sie voraussehen, sogar nicht man selbst für sich selbst. Jeder Helfer muß dem Entwicklungsland, in dem er arbeitet, „sein Gesicht lassen". Er darf sich selbst nicht ins Licht stellen, auch wenn er die ganze Arbeit macht. Seine Familie, seine Frau vor allem, muß sich in der neuen Umgebung wohl fühlen. Er muß in der Lage sein, seine Freizeit auszufüllen. Sein Leben muß vorbildlich sein, ohne überlegen zu wirken.

Die Arbeitsbedingungen für die Helfer aus dem Spenderland müssen ein Höchstmaß an Sicherungen seitens des Heimatlandes gewähren, um hochqualifizierte Kräfte zu bekommen, also:

a) angemessenes Gehalt,

b) bezahlter Heimaturlaub (alle zwei Jahre),

c) Krankenversicherungen auch für Familienangehörige,

d) Beihilfe zur Schulausbildung der Kinder,

e) einmalige finanzielle Kompensation für die Ersteinrichtung,

f) diplomatische Sicherheit in Notfällen,

g) Altersversorgung und Invaliden- und Hinterbliebenensicherung,

h) Anrechnung der Dienstzeit in der Heimat,

i) Berufssicherung und Übergangshilfe nach Rückkehr in die Heimat oder bei vorübergehendem Aufenthalt in der Heimat,

k) Möglichkeiten, Entwicklungshilfe als Lebenskarriere zu ergreifen.

Natürlich kann keine internationale, keine multilaterale und keine bilaterale Hilfe auf dem Gesundheitssektor die Probleme für alle Bewohner der Entwicklungsländer wie durch einen Zaubertrick auf einmal und schnell lösen. Was kann als praktische Maßnahme denn nun empfohlen werden? *Es werden zunächst wahrscheinlich nur Modelle geschaffen werden können,* von denen man hoffen kann, daß sie Ausstrahlungskraft bekommen und, wenn sie sich bewähren, zum Kopieren anregen.

Die Modelle müssen so geartet sein, daß sie richtungweisend für den Aufbau des gesamten Gesundheitsdienstes sind. Sie müssen sich außerdem im Rahmen des für das Entwicklungsland finanziell Tragbaren halten; das heißt: wenn ein Entwicklungsland beispielsweise eine D-Mark pro Kopf und Jahr für Gesundheitsdienste zur Verfügung hat und dieser Betrag im Rahmen der für Gesundheitsdienste anzusetzenden 15 % des Staatshaushaltes liegt, dann darf ein Modellprojekt für einen bestimmten Bevölkerungsausschnitt — zum Beispiel 100 000 Einwohner — eben nicht wesentlich mehr laufende Kosten verursachen als 100 000 D-Mark im Jahr (abgesehen von den zusätzlich durch die bi- oder multilaterale Hilfe bezahlten Experten und den als Geschenke gewährten Einrichtungsbeiträgen). Echte Entwicklungshilfe auf dem Gesundheitssektor muß sich also jeweils genau dem Standard des Entwicklungslandes anpassen. Wenn sie das nicht tut, wird sie ein Zuckerguß über einen unverdaulichen Kuchen. Es kann dann geschehen, wie dies tatsächlich der Fall war, daß ein einziges durch fremde Hilfe gestiftetes Krankenhaus ein Drittel des gesamten Gesundheitsbudgets des Entwicklungslandes schluckt.

Eine Art von Patenschaft über einen begrenzten Landdistrikt im Empfängerland, bei der auf dem Gesundheitssektor das Spenderland weitgehende Vollmachten und Selbständigkeiten haben müßte, wären wahrscheinlich die beste mögliche Entwicklungshilfe auf dem Gebiet des Gesundheitswesens, denn

a) sie kann dort einsetzen, wo sie fachlich und sozial am nötigsten gebraucht wird; die Auswahl des Distrikts dürfte nicht allein durch das Empfängerland erfolgen, sondern auch durch das Spenderland nach Gesichtspunkten, die rational erscheinen;

b) sie bietet, wenn mindestens zehn Jahre lang durchgeführt, dem Personal des Spenderlandes die Möglichkeit, den Erfolg der Leistungen statistisch zu kontrollieren und gegebenenfalls während der Laufzeit des Projektes die Arbeitstechnik nach den gewonnenen Erfahrungen zu korrigieren;

c) sie gibt die Gelegenheit, das örtliche Personal genügend sorgfältig und stufenweise unter den im Milieu obwaltenden Bedingungen (statt in einer künstlichen Umgebung) auszubilden, wobei das Hilfspersonal ganz besondere Berücksichtigung zu finden hat;

d) das Berufsethos des örtlichen Personals kann durch einen Einsatz im Landgesundheitsdienst ermutigt werden;

e) ein Landgesundheitsdienst in einem Entwicklungsland bietet umfassende Gelegenheit, auf allen Gebieten des öffentlichen Gesundheitswesens — Seuchenbekämpfung, Mutter- und Kind-Fürsorge, Verhütung von Mangelkrankheiten, Volksaufklärung, hygienische Trinkwasserversorgung, Latrinenbau, Abfallbeseitigung, Lebensmittelhygiene, enge Beziehung zur Landwirtschaft und zu den Schulen — Erfahrungen zu sammeln und nachprüfbare Massenerfolge zu haben;

f) sie bietet Spielraum in bezug auf den Umfang der Hilfe, denn nach der Höhe der bewilligten Mittel kann sich die Größe des zu versorgenden und als Modell aufzubauenden Distrikts richten; dieser mag von 50 000 zu 500 000 Bewohnern oder noch mehr zählen;

g) es können Erfahrungen darüber gesammelt werden, auf welche Weise ein möglichst erfolgreicher Gesundheitsdienst möglichst preisgünstig aufgebaut werden kann; beispielsweise kann die luxuriöse Flut von Medikamenten, die viele Entwicklungsländer überschwemmt, auf das Maß der unbedingt notwendigen (wahrscheinlich nicht mehr als 150) prophylaktischen und der lebensrettenden Medikamente beschränkt werden;

h) die erforderliche Oberaufsicht könnte einem Komitee, in dem Fachleute des Empfänger- und des Spenderlandes vertreten sind, übertragen werden, wodurch eine vertretbare gewisse Unabhängigkeit von der nationalen Bürokratie dieser letzteren Anregungen für zweckdienliche Verwaltungserfahrungen vermitteln kann.

Gesundheitshilfe solcher Art muß natürlich zwischen Empfänger- und Spenderland in voller Übereinstimmung beschlossen werden. Die Übereinstimmung ist nur zu erzielen, wenn beide Partner die Grundsätze der Vereinten Nationen zugrunde legen, rationale Überlegungen statt emotionelle Wünsche walten lassen und der Überzeugung sind, daß auf lange Sicht ehrliche Hilfe für Grundlageneinrichtungen besser ist als Scheinhilfe für Schauobjekte.

Eine weitere Frage ist, wie die Mittel für die Planungen und deren Durchführung bereitgestellt, die Pläne koordiniert und ihre Ergebnisse kontrolliert werden sollen.

Die technische Entwicklungshilfe ist eine Komplementärerscheinung der Kapital- und Wirtschaftshilfe. Die eine kommt nicht ohne die andere aus. Welchen Prozentsatz der Gesamtmittel die technische Hilfe als günstigste Relation der Gesamtausgaben für Entwicklungsförderung optimal ausmachen sollte, sollte von einem internationalen Gremium einmal als Rahmenprozentsatz ermittelt werden.

Je nach Höhe der Mittel wird der personelle Apparat im Spenderland für den Einsatz der Mittel größer oder kleiner sein. In der Bundesrepublik, wo ein Ministerium für wirtschaftliche Zusammenarbeit existiert, sind keine eigenen Fachleute in diesem Ministerium für die Hilfe auf dem Gesundheitssektor verantwortlich, sondern die Experten des Gesundheitsministeriums werden zu Rate gezogen. In anderen Ländern existiert ein solcher Facharbeiterstab in entsprechenden Stellen. Dieser Mitarbeiterstab ist beispielsweise in den USA unterteilt für die Regionen der Welt (Lateinamerika, Afrika, Naher und Ferner Osten) mit je einer Unterabteilung („Desk") für jede Region. Zusätzlich unterhalten einige Spenderländer in geographischen Schwerpunkten jeder Region Gebietsvertreter an Ort und Stelle, die verantwortlich sind für die Projekte ihres Bezirks. Daß in der Tätigkeit einer solchen Verwaltung nicht die Zentralstelle, sondern die „Frontdienststelle" maßgebend sein sollte, die mit der Praxis ständig in Berührung ist, versteht sich von selbst. Die Zentrale ist der Versorgungs-Stützpunkt, von dem unterstützt die Front mit weitgehender Selbständigkeit operieren kann.

Die finanziellen Mittel der Entwicklungshilfe auf dem Gesundheitssektor sind „fonds perdues"; die Mittel werden aber teilweise an Personen und Firmen des Heimatlandes zurückfließen (Gehälter, Kaufpreis für Medikamente und Einrichtungen), während die Materialien und die Lebenshaltungskosten des Personals dem Empfängerland verbleiben.

Sehr kritisch ist die Frage der finanziellen Beteiligung seitens des Empfängerlandes. Wird der ganze Haushalt für ein bestimmtes Projekt von seiten des Spenderlandes getragen, dann ist das Projekt zwar finanziell während der Dauer des Hilfsvertrages gesichert, aber die Weiterführung nach Beendigung dieses Vertrages ist gefährdet oder verursacht möglicherweise im Empfängerland einen Schock.

Wird von vornherein das Empfängerland finanziell verpflichtet, dann mag der Aufbau des Projektes von Beginn an gefährdet sein. Der Verfasser neigt zu der Meinung, daß in armen Agrarländern diese zwar gewisse materielle Zuschüsse (Grund und Boden, örtliche ungeschulte Arbeitskräfte) beisteuern, finanziell jedoch sonst nicht verpflichtet werden sollten, da die Schwierigkeiten beim Aufbau eines Projektes sonst zu groß werden und ein Scheitern dem Personal des Spenderlandes vorgeworfen werden kann.

Die finanzielle Beteiligung des Entwicklungslandes muß von Fall zu Fall entschieden werden. Es gibt genügend internationale Beispiele für alle Möglichkeiten: UNICEF schenkt Trockenmilch, Seife und Drogen bis zum Einfuhrplatz; von hier aus müssen Transport, Verwaltung und Verteilung vom Empfängerland getragen werden. Die Weltgesundheitsorganisation entsendet Experten ohne jegliche Kosten für das Entwicklungsland, wobei die Fach-„Partner" (Counterparts) und im allgemeinen die Verwaltungsstellen des Projektes vom Entwicklungsland zu besetzen sind. Dies schließt also die Einrichtung von Büros und ihre personelle Besetzung mit ein, und das ist vielfach nicht zu befürworten. Denn gerade an geschultem Verwaltungs- und Büropersonal fehlt es ja in Entwicklungsländern. Es sollte daher jedem größeren Projekt der Entwicklungshilfe wenigstens *eine* verantwortliche Verwaltungskraft aus dem Spenderland zugeteilt sein.

Materialspenden und Geräte müssen so unkompliziert, stabil, wenn möglich unabhängig von Strom oder ähnlichen Anlagen, billig und standardisiert als möglich sein. Reparaturen müssen an Ort und Stelle durchführbar, Ersatzteile leicht erhältlich, oder Teile gegenseitig auswechselbar sein. Es sollte immer bedacht werden, daß das Entwicklungsland oft keine Facharbeiter hat, um Maschinen, Geräte und andere Materialien fachgerecht zu handhaben oder wieder in Ordnung zu bringen.

Die USA geben gelegentlich für die laufenden Kosten eines Projektes finanzielle Barbeihilfen für eine bestimmte Zeit, manchmal mit jährlich sich verringerndem Budget. Die Bundesrepublik Deutschland hat ganze Krankenhäuser mit Ausrüstung geschenkt und dafür das Fachpersonal für eine Zahl von Jahren zur Verfügung gestellt. Im allgemeinen haben die individuellen Spenderländer und die Fachabteilungen der Vereinten Nationen die Neigung, vom Entwicklungsland einen kleineren oder größeren Anteil an den Kosten eines Partnerschaftsprojekts vorauszusetzen. Psychologisch ist dieser Gedanke richtig, aber praktisch kann er, wie oben gesagt, den Aufbau eines guten Projektes stören oder gar zu Fall bringen, vor allem wenn eine zu kurze Befristung der Entwicklungshilfe daran gekoppelt ist.

Es ist selbstverständlich, daß kein Projekt unterstützt werden sollte, das die finanzielle Kapazität des Entwicklungslandes übersteigt, wenn dieses eines Tages das Projekt in eigener Regie übernimmt. Diese Regelung setzt voraus, daß Spender- und Empfängerland sich über die Grundsatzfragen in der Gesundheitspolitik einig sind und sich über die wirtschaftliche Situation nicht getäuscht haben.

In der Realität werden wahrscheinlich viele Projekte auf dem Gesundheitssektor eine sehr langdauernde Unterstützung seitens des Spenderlandes brauchen. Es gibt gute Beispiele hierfür aus der Zeit vor der Entwicklungshilfe-Ära, wie beispielsweise die Missionskrankenhäuser, die französischen Pasteurinstitute, oder ausländische Krankenhäuser (beispielsweise das aus der zaristischen Zeit stammende russische Krankenhaus in Addis Abeba, Äthiopien).

Was die Finanzierungspläne des Empfängerlandes auf dem Sektor Gesundheitswesen betrifft, so muß immer wieder versucht werden, den beteiligten Stellen klar zu machen, daß in den meisten Entwicklungsländern extravagante, luxuriöse und zu kostspielige Programme weder jetzt noch in naher Zukunft den ökonomischen Bedingungen des Landes angepaßt sind. Es dürfen nur Programme finanziert werden, die mit einiger Wahrscheinlichkeit den Gesundheitszustand der Bevölkerung in absehbarer Zeit bessern und dadurch in der nächsten oder übernächsten Generation durch vermehrte Produktionsmöglichkeiten auch vom ökonomischen Standpunkt her die Investitionen rechtfertigen. Überhaupt muß das Denken für zukünftige Generationen und nicht die Aussicht auf eine schnelle finanzielle Verzinsung bei allen Sozialmaßnahmen einschließlich des Gesundheitswesens ein Leitgedanke jeder Entwicklungsförderung sein.

Auf welche Weise die Mittel aufgebracht werden, die zur Finanzierung des Gesundheitsdienstes dienen, wird in jedem Land verschieden sein. Viele Entwicklungsländer füllen ihren Staatshaushalt im wesentlichen aus Zolleinkünften, andere haben bereits ein einigermaßen funktionierendes Einkommensteuersystem (für Staatsangestelle ist der Abzug der Steuerbeträge nichts anderes als eine Scheineinnahme des Staates). Einige wenige erheben eine spezifische Gesundheitssteuer, wie beispielsweise in manchen Ländern auch eine Steuer für das Erziehungswesen eingezogen wird. Diese Besteuerung basiert auf Landbesitz oder Kopfzahl des Viehs oder anderen materiell leicht erfaßbaren Gütern, da andere Steuerformen vorläufig meist schwer durchführbar sind.

Was die Höhe der Mittel betrifft, die die Spenderländer bereitstellen, so herrscht weitgehend Übereinstimmung darüber, daß die industrialisierten Länder jährlich etwa ein Prozent ihres Nationaleinkommens der Entwicklungshilfe zuwenden sollten. Entwicklungsplaner meinen, daß mit diesen Summen vielleicht erhofft werden kann, daß einige Entwicklungsländer in etwa dreißig Jahren ihren Lebensstandard auf das Doppelte heben können.

Das würde in den meisten Entwicklungsländern immer noch ein äußerst niedriger Standard sein. Der Verfasser ist, wie eingangs dieses Buches gesagt, der Überzeugung, daß Entwicklungsförderung eine ständige Einrichtung in der menschlichen Gesellschaft werden muß, etwa wie alle sozialfürsorgischen Maßnahmen oder wie Mutter- und Kind-Beratungen oder wie die UNICEF-Aktionen. Die menschliche Einstellung, die aus der Pflege solcher Einrichtungen erwächst, mag eine wichtige Kraftquelle für die erhaltenden Tendenzen der Welt werden. Dieser Aspekt dürfte wichtiger sein als die materielle Seite aller

96   Möglichkeiten der Entwicklungsförderung auf dem Gesundheitssektor

Aktionen, deren Förderungsbeiträge nur sehr bescheidene Resultate haben können.

Die Organisation der technischen Entwicklungsförderung sollte sich stets und in allen Ländern auf internationale Koordinierung einrichten. Es dürfte freilich nicht möglich werden und wohl auch nicht wünschenswert sein, alle Entwicklungsförderung in der Welt ausschließlich durch die Kanäle der Vereinten Nationen laufen zu lassen. Nicht nur werden sich nationale Steuerzahler für eine solche Organisationsform nicht erwärmen lassen, sondern das Bild der Entwicklungsförderung wird vielgestaltiger und dynamischer, wenn es zusätzlich zu den internationalen Bestrebungen auch von nationalen Individualkräften mit mehr Kolorit ausgeführt wird. Keinesfalls aber darf die Entwicklungsförderung international unkoordiniert bleiben. Es muß vermieden werden, daß die Regierungen der Entwicklungsländer Hilfsprojekte aus östlichen und westlichen Stifterländern, oder westliche unter sich, gegenseitig ausspielen. Gerade auf dem Gesundheitssektor ist ein *Weltplan der Förderung unabdingbar*, denn Krankheiten und ärztliche Hilfe kennen keine nationalen Grenzen. Die Koordinierung muß von allen Regierungen und privaten Organisationen wenigstens *angestrebt* werden. Sie wird sich bis zu einem gewissen Grade von allein ergeben, wenn in genügendem Maß Informationen ausgetauscht und publiziert werden.

Letzten Endes geht bei der Entwicklungshilfe ein politisches Ausspielen von nicht fachlich und sozial fundierten Wünschen und Vorschlägen immer auf Kosten einer möglichen echten Hilfe und gereicht dem Entwicklungsland zum Schaden und den politischen Beziehungen zwischen Spender- und Empfängerland nicht zum Nutzen. Der Verfasser ist überzeugt, daß es in vielen Fällen gelingt, die Wünsche nach „Prestigeprojekten" auf reale Notwendigkeiten umzuleiten, wenn eine wohlwollend eingestellte Fachpersönlichkeit im richtigen Augenblick und in rechter Form mit einer einsichtigen und genügend Macht besitzenden politischen Persönlichkeit zum Gespräch kommt. Wo diese Bedingungen nicht gegeben sind, sollte, falls ein Entwicklungsland die Unterstützung eines offenbar unsinnigen Projektes wünscht, ein Spenderland den Mut besitzen, abzulehnen. Oft sind es auch die Spenderländer, die aus Prestigegründen Schauprojekte vorschlagen, die nicht sachlich begründet sind.

Am Ende werden sich bei Entwicklungshilfemaßnahmen diejenigen Spender auch politisch als die besseren Freunde erweisen, die Vernunft und Wohlwollen walten lassen und nicht diejenigen, die um eines politischen Augenblickserfolges willen Konzessionen an emotionelle Wünsche machen.

C. Die Technik der Entwicklungsförderung

1. Die Dauer der Hilfe

Wie schon erwähnt, glaubt der Verfasser, daß Entwicklungsförderung eine ständige Einrichtung der Menschheit werden sollte. Ihre Dauer wäre, wenn diese These angenommen wird, unbegrenzt.

Die Laufzeit der einzelnen Projekte wird je nach der Problemstellung sehr unterschiedlich sein. Ein hygienisches Laboratorium einzurichten dauert vielleicht nur drei Monate. Eine Untersuchung über den Ernährungszustand einer Bevölkerungsgruppe anzustellen, mag sechs Monate benötigen. Um Anästhesisten zu schulen, mag ein Jahr genügen. Ein pathologisches Institut zu bauen und dessen Mitarbeiterstab einzuarbeiten, kann drei Jahre dauern. Ein Gesundheitszentrum mit Bettenstation zu betreuen, bis örtliche Kräfte es übernehmen können, mag zehn Jahre benötigen. Ein medizinisches Fach an einer Universität auszubauen, mag fünfundzwanzig Jahre in Anspruch nehmen. Eine Krankheit auszurotten wie beispielsweise Malaria, mag dreißig bis fünfzig, vielleicht auch hundert Jahre dauern.

Im allgemeinen ist die Dauer der Entwicklungshilfe für viele Projekte bisher zu kurz angesetzt worden. Manche von diesen Unternehmungen sind aus diesem Grunde zusammengebrochen, nachdem die ausländische Entwicklungshilfe abgelaufen war.

Es läßt sich kaum von vornherein festlegen, wie lange ein Projekt ausländische Unterstützung brauchen wird. Die Frage hängt von so vielen ungewissen Faktoren ab, daß erst nach einer längeren Laufzeit des Projektes entschieden werden kann, für wie lange die Entwicklungshilfe angesetzt werden sollte. Projekte mögen sich auch während dieser Arbeitszeit ändern, beispielsweise wenn sich die ersten Planungen als unzweckmäßig herausstellen, oder wenn die Potentialitäten des Projektes so günstig liegen, daß es ein Verlust wäre, sie nicht weiter auszubauen.

Da es der Sinn jeder Entwicklungsförderung durch Dritte ist, sich selbst überflüssig zu machen, muß sie so lange dauern, bis die „Entwicklungsreaktion" im Rahmen ihres Auftrags ausgelöst ist, bis das Personal des Empfängerlandes ausreichend ausgebildet ist, um die Arbeit unabhängig von fremder Unterstützung weiterführen zu können, und bis die Eigenmittel des Entwicklungslandes voll zur Verfügung stehen.

2. Der nicht-finanzielle Beitrag des Entwicklungslandes

Wie beim individuellen Patienten keine ärztliche Kunst etwas ausrichten kann, wenn nicht ein natürlicher Gesundungswille vorhanden ist, so kann keine Entwicklungsförderung wirksam sein, wenn nicht das Entwicklungsland bereit ist, die Gründe für seine technische Unterentwicklung zu eliminieren. Dieses Problem ist außerodentlich kompliziert und hängt von den Faktoren ab, die ein Land als „Entwicklungsland" kennzeichnen.

Jedes Projekt, das mit fremder Unterstützung angefangen wird, muß eine Garantie besitzen, daß es nach Aufhören der Fremdhilfe finanziell und personell weitergeführt werden kann. Und jedes Gesundheitsprojekt muß, das kann nicht oft genug wiederholt werden, zuerst einmal das Grundrecht *aller* Menschen auf Gesundheit erfüllen.

Selbstverständlich muß bei jedem Projekt vor seinem Beginn volle und freundschaftliche Übereinstimmung zwischen den Partnern — dem Entwicklungsland und dem Spenderland — erzielt werden. Diese Übereinstimmung muß auf der ehrlichen Überzeugung und der fachmännischen Bestätigung von der Dringlichkeit des Projektes beruhen. Weder darf das Spenderland versuchen, dem Entwicklungsland etwas vorzuschlagen, das dies im Grunde nicht will, selbst wenn die verantwortlichen Stellen des Spenders noch so sehr von der Berechtigung ihres Standpunktes überzeugt sind, noch darf das Entwicklungsland etwas fordern, was die Fachexperten des Spenderlandes für falsch halten, selbst wenn politische Stellen des gleichen Spenderlandes dem betreffenden Entwicklungsland gern gefällig wären. Ein kombiniertes Antrags-Vorschlagssystem wäre erstrebenswert.

3. Die Formen der Entwicklungsförderung

Die Form der Entwicklungsförderung sollte sich von Fall zu Fall den fachlichen Erfordernissen anpassen. Wenn irgendwo eine Epidemie ausbricht, mag die Entwicklungshilfe darin bestehen, Impfstoffe kostenlos für *eine* Kampagne zu spenden. Impfstoffe oder Medikamente können auch regelmäßig über mehrere Jahre geschenkt werden, um eine Infektionskrankheit in einem bestimmten Bezirk auszurotten. Einrichtungen für Krankenhäuser oder Teile von ihnen, wie Laboratorien, Röntgenausrüstungen, ein pathologisches Institut, das Instrumentarium eines Operationssaals, eine fahrbare Notfallklinik oder Baupläne, alles dies kann gelegentlich als einmalige Stiftung gesandt werden.

Meist aber wird Personalhilfe im Vordergrund stehen, also Ärzte, Schwestern und andere Fachleute für eine bestimmte Zeit zur Arbeit eingesetzt werden.

Der Leitgedanke bei jeder Entwicklungshilfe bleibt immer wieder, sich selbst überflüssig zu machen. Das bedeutet, daß das oberste Ziel ist, einheimisches Personal so lange, bis dieses allein weiterarbeiten kann, zu unterrichten und zu überwachen. Ob es sich um Landarztsitze oder Universitätsprofessuren handelt, überall und fast bei allen Entwicklungshilfeprojekten auf dem Gesundheitssektor muß, wie schon mehrfach erwähnt, Unterricht mit eingeplant werden.

Stipendiaten aus einem Entwicklungsland im *Spenderland* zu unterrichten ist eine Frage, die besonders sorgfältig erwogen werden muß. Wenn junge Menschen nach Abschluß ihrer Schulzeit ins technisch entwickelte Ausland gehen, haben sie ein Kulturgefälle zu überwinden, das zwangsläufig ihre Lebenshaltung von Grund auf beeinflußt. Der Student im Ausland lebt in einer für ihn künstlichen Umgebung, kaum je kommt er mit der Kultur und den Grundlagen der Gesellschaft im fremden Land in enge Berührung. Er ist finanziell abgeschirmt, braucht sich also in dieser Hinsicht nicht den täglichen Sorgen und dem Arbeitsprozeß auszusetzen.

Er entbehrt den Familienanschluß mit dessen natürlichen Belehrungen und dessen Ordnung. Er wird meist als vorübergehender Gast behandelt und oft bevorzugt. Wenn solche Studenten dann mehrere Jahre im Ausland gewesen sind, fällt es ihnen sehr schwer, sich in ihr heimatliches Entwicklungsland zurückzugewöhnen. Oft bleiben sie hier unzufriedene Außenseiter, nicht bereit, sich um die wirklichen Probleme ihrer Heimat zu kümmern, sondern nur bestrebt, den europäischen oder amerikanischen „way of life" im eigenen Hause zu imitieren. Sie ignorieren ihre eigentliche Aufgabe, für die sie im Ausland geschult wurden und schaden, ihr eigenes Land oberflächlich ausnutzend, mehr als daß sie, produzierend, für ihr Land etwas Neues schaffen. Der Verfasser ist zu der Überzeugung gekommen, daß alle Erstausbildung („basic education or training") im Entwicklungsland selbst oder, wo dies nicht möglich ist, in einem ähnlichen Nachbarland mit verwandtem Charakter erfolgen sollte und nicht in einem technisch hochentwickelten Land. Diese harte Wahrheit wird in den Entwicklungsländern nicht gern gehört, aber sie sollte die Spenderländer, die ehrlich um die Erfüllung der fundamentalen Menschenrechte in den Entwicklungsländern besorgt sind, veranlassen, bei allen Planungen über Ausbildung das nötige Gewicht auf die Grundausbildung im Entwicklungsland selbst zu legen.

Anders ist es mit der Fortbildung („postgraduate education"). Diese sollte in technisch hochentwickelten Ländern solchen Personen aus Entwicklungsländern geboten werden, die sich in ihrer Heimat mehrere Jahre bewährt haben und nun als Ausbilder oder als Spezialisten für ihre Heimat geeignet scheinen. Diese Fortbildung sollte kurzfristig sein, beispielsweise Teilnahme an Seminaren von wenigen Wochen Dauer, oder Spezialstudium bis zu höchstens einigen Jahren. Das Entwicklungsland muß garantieren, daß der Stipendiat nach Abschluß seines Zusatzkurses eine Anzahl von Jahren in dem Fach, für das er ausgebildet wurde, im öffentlichen Dienst tätig ist.

Zusammenfassend läßt sich sagen, daß es kein allgemeingültiges Rezept für Entwicklungspolitik und Entwicklungshilfe auf dem Gesundheitssektor geben kann. Die Situation der Entwicklungsländer ist untereinander zu verschieden. Aber es lassen sich Stufen umreißen, denen die Rahmenprogramme der Entwicklungshilfe auf dem Gesundheitssektor angepaßt werden können.

D. Die Aussichten der Entwicklungsförderung auf dem Gesundheitssektor

Die Inkongruenz zwischen Wunsch und Erfüllbarkeit ist geradezu ein Signifikum des technischen Unterentwickeltseins. Sie dürfte ein Überbleibsel des absoluten Feudalismus sein, jener Zeit also, in der die Herrscher ohne Rücksicht auf die Bedürfnisse und Rechte ihrer Völker die Verwirklichung hochfliegender Pläne erzwingen konnten. Durch diese Gesellschaftsstruktur sind die bewunderungswürdigen *kulturellen* und *künstlerischen* Leistungen vieler Länder Asiens und Afrikas entstanden. Die Feudalstruktur der Gesellschaft und irrationale Kräfte waren hierzu Voraussetzung. Dagegen können große *technische* und *soziale* Leistungen — und dazu gehört der Gesundheitsdienst als moderne öffentliche Aufgabe — wohl nur entstehen durch Ermutigung der individuellen Kräfte *aller* und daher auch durch die Schaffung gleicher Chancen für alle, sowie durch die Umstellung von einer irrationalen auf eine rationale Geisteshaltung.

Ohne eine lange Phase von asketischem Puritanismus und hartem Arbeiten wird wahrscheinlich kein Land technischen Fortschritt und — nach Generationen — eine Erhöhung des allgemeinen Lebensstandards erreichen (es sei denn, es besitzt sehr reiche und leicht verwertbare mineralische Naturschätze). Die Einsicht in diese Realität schafft die Voraussetzungen, um daraus gestalten zu können, was man erreichen möchte.

Aus dem gegenwärtigen Zusammenprall der euro-amerikanischen Zivilisation einerseits und der Kulturen Afrikas und Asiens andererseits wird etwas Neues entstehen. Die heutige „Entwicklungshilfe" mag als das Vehikel eines solchen Zusammenpralls betrachtet werden, der bereits vor Jahrhunderten begonnen hat und jetzt in eine akute Phase eingetreten ist. Die Verbreitung der technischen Zivilisation und das damit verbundene Bedürfnis nach sozialem Ausgleich ist ein unaus-

D. Die Aussichten der Entwicklungsförderung

weichlicher Vorgang, ob man dies begrüßt oder nicht. Eine gewisse Rationalisierung in den südlichen Ländern wird damit ebenfalls unvermeidlich sein.

Die Aussichten der Entwicklungshilfe sind, wenn man in Jahrhunderten denkt, günstig, weil sie auf die Gelegenheit hinweisen, daß durch gegenseitigen Erfahrungsaustausch eine Harmonisierung in der Welt entstehen kann: physische und soziale Leiden und Hunger werden in den Entwicklungsländern durch technische Mittel und durch eine allmähliche Hebung des Lebensstandards vermindert werden; Zivilisationsschäden und psychische Störungen, wie sie in den industrialisierten Ländern Unbehagen schaffen, werden durch den Kontakt mit den naturnahen, an abstrakte Werte gebundenen, ganzheitsempfindenden Völkern Asiens und Afrikas eine günstige Umstellung erfahren können. „Die Maschine in ihrer höchsten Vollendung wird unauffällig werden (13)." Ein weltweiter Ausgleich ist bei einer kleinen Menschengruppe heute schon Wirklichkeit, nämlich bei den Angehörigen der internationalen Organisationen: hier ist gegenstandslos geworden, ob einer Asiate oder Europäer, Australier oder Afrikaner oder Amerikaner ist; alle haben etwa gleiche Weltschau.

Der Gesundheitsdienst ist ein integraler Bestandteil technischer Entwicklung. Technische Entwicklung führt nicht zum Wohlbefinden, wenn nicht das Leitbild der Gesundheit, nämlich das Bejahen und das Bestehenkönnen der Lebensaufgabe, zum Allgemeingut aller Menschen wird. Die gemeinsame Arbeit aller Völker an einer alle Menschen angehenden Aufgabe mag das Gemeinschaftsgefühl der Menschheit stärken, und, bei einer Einheit in der Vielfalt, dazu beitragen, unzeitgemäße und hemmende Trennwände und Spannungen nach und nach zum Verschwinden zu bringen.

Literatur

(1) *Ajose*, Lancet, 1954, 1, 1024.
(2) *Benn*, Gottfried, Gesammelte Werke, Bd. IV, S. 419.
(3) *Chang*, Wen Pin, „General Review of Health and Medical Problems in Ethiopia", Ethiopian Medical Journal 1, 1, 1962.
(4) *Deininger-Englhart*, L., Problems of medical statistics in developing areas with special reference to Ethiopia", Ethiopian Medical Journal, April 1963.
(5) *Fekade*, Yoseph, „A Typhus Epidemic in Gondar, Ethiopia", Ethiopia Medical Journal 1, 1, 1962.
(6) *Hill*, Bradford, „Principles of Medical, Statistics-Random Samples".
(7) *Jäger*, Otto, A., „Probleme des Gesundheitsdienstes in Entwicklungsländern", Stuttgart 1962.
(8) *Jäger*, Otto A., „Data from a Maternal and Child Health Projekt in Gondar", Courrier, Fevrier 1961, XI, 2, p. 77/78.
(9) *Jäger*, Otto A., „School Health Services in Gondar, Ethiopia", The Journal of Tropical Pediatrics, Vol. 4, No. 4, March 1959.
(10) *Jäger*, Selke, „Statistical Information from a Welfare Clinic in Baghdad, Iraq", J. Trop. Med. & Hyg., Vol. 64, pp. 212—216, August 1961.
(11) *Manson-Bahr*, „Tropical Diseases", 15. edit., London 1960.
(12) *Römer*, WHO/OMC/25, Rev. 1956.
(13) *Saint Exupéry*, Antoine de, „Wind, Sand und Sterne".
(14) U. S. Dept. of Health, Educ. & Welf., Nat. Office of Vital Statistics, Washington, June 1958.
(15) Welt-Seuchen-Atlas, Teil II, Hamburg 1956.
(16) *Williams*, Cicely, Journ. R. I. P. H. & H., January 1957, 15.
(17) WHO Epid. & Vit. Stat. Rep. 1955, 8, 1— 20.
(18) WHO Epid. & Vit. Stat. Rep. 1957, 10, 87—148.
(19) WHO Epid. & Vit. Stat. Rep. 1958, 11, 223—260.
(20) WHO Epid. & Vit. Stat. Rep. 1961, 14, Säuglingssterblichkeit.
(21) WHO Epid. & Vit. Stat. Rep. 1961, 14, 141—190.
(22) WHO Epid. & Vit. Stat. Rep. 1961, 14, 191—252.
(23) WHO Epid. & Vit. Stat. Rep. 1961, 14, 425—506.
(24) WHO Epid. & Vit. Stat. Rep. 1961, 14, 507—548.
(25) WHO Epid. & Vit. Stat. Rep. 1962, 15, 1— 88.
(26) WHO Epid. & Vit. Stat. Rep. 1962, 15, 89—178.

(27) WHO Epid. & Vit. Stat. Rep. 1962, 15, 179—276.
(28) WHO Epid. & Vit. Stat. Rep. 1962, 15, 277—326.
(29) WHO Epid. & Vit. Stat. Rep. 1962, 15, 327—388.
(30) WHO Chronicle, Vol. 14, Nr. 7, July 1960, P. 244.
(31) WHO Chronicle, Vol. 14, Nr. 10, October 1960.
(32) WHO Chronicle, Vol. 16, Nr. 7, July 1962, P. 242.
(33) WHO Chronicle, Vol. 16, Nr. 7, July 1962, P. 244.
(34) WHO Technical Report Series Nr. 137, 1957, P. 11, „measurement of levels of health" (WHO Bulletin).
(35) WHO Technical Report Series Nr. 239, 1962, „internationally accepted minimum standards of medical education".
(36) WHO Press Release, EMRO/2, 25 April 1962.
(37) WHO Official Records No. 122, Second Report on the World Health Situation 1957—1960, Geneva, January 1963.
(38) Aspects of Economic Development, Freedom from Hunger Campaign, Basic Study No. 8, United Nations.
(39) Demographic Yearbook, United Nations 1961/62.
(40) *Freudenberg*, Karl, „Medizinalstatistische Analyse der Sterblichkeitsentwicklung", Zentralblatt für Bakteriologie, Parasitenkunde, Infektionskrankheiten und Hygiene I, 164, Stuttgart 1955.
(41) *Freudenberg*, Karl, „Die Messung der Gesundheit eines Volkes", Ärztliche Mitteilungen 42, 28, i. Oktober 1957.
(42) *Jäger*, Otto A., „Evaluation of Health Services in Gondar", Ethiopian Medical Journal, 1963, page 230.

Printed by Libri Plureos GmbH
in Hamburg, Germany